新任经理人进阶之道系列

财务管理工作中的108个怎么办

新任经理人进阶之道项目组　组织编写

U0314385

化学工业出版社
·北京·

内容简介

《财务管理工作中的108个怎么办》是针对新手财务经理而编写的，包括六个部分，每部分四节，对应采用"月"代表"章"，"周"代表"节"。本书具体内容包括第一个月——进入角色；第二个月——自我提升；第三个月——财务预算与稽核；第四个月——成本管理与控制；第五个月——税务与资产管理；第六个月——财务分析与风险控制。

本书进行模块化设置，简单易懂，具有较强的可读性，全面系统地对刚上任半年的财务经理的工作进行梳理，适合新上任的财务经理和从事财务管理的人士阅读，也可供管理咨询顾问和高校教师做实务类参考指南。

图书在版编目（CIP）数据

财务管理工作中的108个怎么办 / 新任经理人进阶之
道项目组组织编写. —北京：化学工业出版社，2023.5
（新任经理人进阶之道系列）
ISBN 978-7-122-42927-8

Ⅰ.①财…　Ⅱ.①新…　Ⅲ.①财务管理　Ⅳ.
①F275

中国国家版本馆CIP数据核字（2023）第021112号

责任编辑：陈　蕾　　　　　　　　　　装帧设计：溢思视觉设计／程超
责任校对：边　涛

出版发行：化学工业出版社（北京市东城区青年湖南街13号　邮政编码100011）
印　　装：三河市双峰印刷装订有限公司
787mm×1092mm　1/16　印张12　字数231千字　2024年2月北京第1版第1次印刷

购书咨询：010-64518888　　　　　　　　售后服务：010-64518899
网　　址：http://www.cip.com.cn
凡购买本书，如有缺损质量问题，本社销售中心负责调换。

定　　价：68.00元

职场上的第一次晋升，对每一位新任职的经理人来说都意义非凡。

通常在上任之初，新任职经理人都有强烈的愿望，比如要成为一个让下属们追随的好领导，要带领团队做出骄人的业绩等。然而，在实际管理的过程中，却发现问题接踵而来。

就个人层面而言，升迁为一名经理人，意味着新的机会与挑战。但面临新上级、新同事、新下属、新环境，新任职经理人也需要适应。一个人任职初期的表现，可能会形成日后人们的刻板印象，如果起步失败了，将来必须加倍努力才可能扭转劣势，但通常情况下，公司可没耐心等你慢慢摸索。

管理学大师彼得·德鲁克说，"管理是一门综合的艺术"。管理者既要具备基本原理、自我认知、智慧和领导力，还要不断实践和应用。所以，团队管理从来就不是一件一蹴而就的事情，而是一个长期、持续的自我修炼的过程。

作为一名新任职的经理人，首先要明确自己所担负的岗位职责、任务、管理职能，以及应具备的素质和能力，同时，让自己的思维、视野得到较大拓展，提升自己的管理理论水平与专业水平，不断提升管理能力，修己、达人，与团队实现共赢，才是最好的职场进阶之路。

基于此，我们编写了本书，为新上任的经理人提供行动计划和可能遇到问题的解决方案。

《财务管理工作中的108个怎么办》是针对新手财务经理编写的，包括六个部分，每部分四节，对应采用"月"代表"章"，"周"代表"节"。本书具体由第一个月——进入角色；第二个月——自我提升；第三个月——财务预算与稽核；第四个月——成本管理与控制；第五个月——税务与资产管理；第六个月——财务分析与风险控制内容组成。

本书进行模块化设置，简单易懂，具有较强的可读性，全面系统地对刚上任半年的财务经理的工作进行梳理，适合新上任的财务经理和从事财务管理的人士阅读，也可供管理咨询顾问和高校教师做实务类参考指南。

由于笔者水平有限，书中难免出现疏漏，敬请读者批评指正。

编者

CONTENTS **目录**

第一个月　进入角色

第二个月　自我提升

第三个月　财务预算与稽核

第四个月　成本管理与控制

第五个月　税务与资产管理

第六个月　财务分析与风险控制

第一个月

进入角色

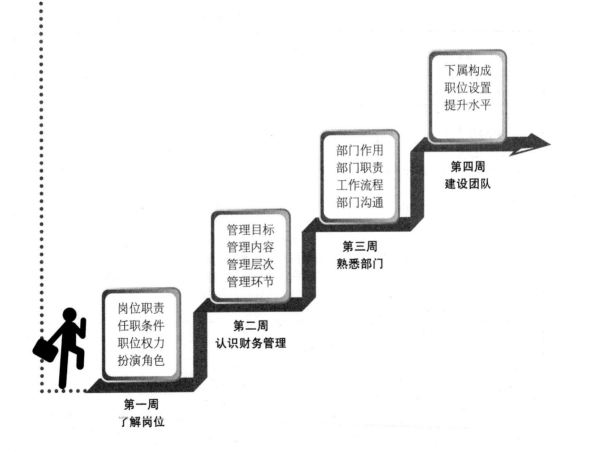

下属构成
职位设置
提升水平

第四周
建设团队

部门作用
部门职责
工作流程
部门沟通

第三周
熟悉部门

管理目标
管理内容
管理层次
管理环节

第二周
认识财务管理

岗位职责
任职条件
职位权力
扮演角色

第一周
了解岗位

第一周　了解我的岗位

为什么是我被提升为财务经理而不是别人呢？因为我具备财务经理的任职条件，知道财务经理要做什么，知道如何去做，而且肯定能做好。

 问题1：财务经理的岗位职责是什么？

财务经理，顾名思义，是主管财务的经理，负责对企业的整个财务部门进行规划、管理。一般来说，财务经理岗位职位说明书如表 1-1 所示。

表 1-1　财务经理岗位职位说明书

岗位名称：财务经理岗位 所在部门：财务部 直接上级：财务总监 内部协作：与公司各部门都有联系	编号： 定员：1 人 直接下级：主管会计、出纳、财务文员
岗位目的： 全面管理财务工作，维系财务运作，全面完成财务指标	
工作目标与职责： 1. 全面管理财务内部各项事务，协调处理内部及外部的关系，领导下属依法开展财会工作，对总经理负责。 2. 配合绩效管理体系，制定财务内部相关指标，组织下属按要求完成各项任务指标，并对下属进行绩效考核。 3. 组织建立财务管理体系，制定并不断完善各项财务制度，促使财务工作科学化、规范化。 4. 组织开展各项经济分析活动，为公司领导提供经济预测和经营决策依据。 5. 组织审查或参与拟订经济合同、协议等经济文件，按财务管理要求做好各项合同的收付款管理。 6. 组织开展财务分析工作，综合分析财务状况和经营成果，为总经理提供决策依据。 7. 负责监控、指导财务管理，并适当地安排资金的使用。	
工作完成结果及衡量标准： 1. 每日向公司领导汇报前一天的资金运作情况。 2. 保证本部门合理的组织构架，创建稳固、高效的财务管理队伍。 3. 部门制度有依据、有标准，严格按公司的财务制度执行，维护公司合法权益。 4. 保证资金运作安全，保证固定资产安全。	
任职条件： 1. 大专以上相关专业，财务岗位 5 年以上工作经验，对财务管理有独到见解。 2. 具有良好的管理能力，工作果敢、干练、坚持原则。 3. 思维活跃、敏捷，能清楚、准确地下达工作指令。 4. 沟通能力强，具有较好的应变能力。	

图 1-1 是某公司在某招聘网站上发布的财务经理招聘信息。

财务经理

湛江 ｜5～7年经验｜本科｜07-26发布

▎职位信息

岗位职责：

1.根据《会计法》、国家相关财政法规，结合公司实际情况，建立、健全公司的财务管理体系和会计核算体系；为公司提供及时、有效、准确的经营数据以及决策依据和建议，确保公司经营计划和目标的顺利实现及持续发展。

2.根据公司经营计划和目标，组织开展预算编制工作，制定融资、税务、财务管理、会计核算、风险控制、业务流程等方面的实施方案，确保公司经营计划和目标的顺利实现及持续发展。

3.审核资金使用计划，对资金计划执行情况进行动态控制，实行现金流量平衡管理，保证资金的良性循环；筹集资金，保证现金流入的及时性；保持与银行的沟通，有效调节存款分布状况，实现资金效益最大化。

4.加强税务管理，促进公司税款规范化、合理化；结合公司实际,加强与税务机关的联系,确保能灵活利用国家和地方的税收优惠政策。

5.促进公司ERP在财务管理上的运用，确保ERP系统里的财务数据及时、准确。

6.拟定财务部组织架构，完善岗位职责；制定本部门工作目标和工作计划，并分解落实，保证部门目标有效达成。

7.负责月度财务数据分析，针对预算对比，为公司开源节流提供决策依据。

8.完成上级领导交办的其他工作。

图 1-1　某公司在某招聘网站上发布的财务经理招聘信息

问题2：财务经理的任职条件是什么？

财务管理是企业管理中最核心、最需要坚持原则的工作，非具备一定条件是胜任不了的。具体来说，财务经理应具备图 1-2 所示的能力。

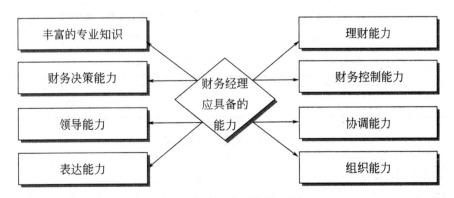

图 1-2　财务经理应具备的能力

1. 丰富的专业知识

（1）会计知识。

（2）微观和宏观经济学知识，如政府的货币和财政政策、基本的市场运作原理、资源的优化配置、边际成本与边际效益的概念等。

（3）相关专业知识，如企业财务学、审计学、管理会计学、成本会计学、电算化会计知识等，这些专业知识是财务经理开展财务管理工作的基础。

（4）生产和市场营销知识，如产品销售方法与渠道等。产销情况发生变化，需要财务经理做出相应的决策，例如，需要多少资金，资金需求量变化对现金流量的影响等。此外，财务经理也应懂得一些统计方法，各种统计数据对财务决策者是很有用的。

（5）国家有关财务、会计工作的政策法规，如《中华人民共和国公司法》《中华人民共和国会计法》《中华人民共和国企业会计准则》《中华人民共和国票据法》《中华人民共和国企业财务通则》等。

2. 理财能力

"理财"就是"生财""聚财""用财"。财务经理作为"管家"，主管具体的理财工作，应具备独特的思路、丰富的经验和深厚的资历，以便灵活地处理事务。其理财工作可细分为：

（1）负责组织编制和执行本企业的预算、财务收支计划和信贷计划。

（2）负责筹措本企业所需资金，开辟财源，并有效使用资金。

（3）按总部下达的定额指标，进行成本费用预测、计划、控制、核算、分析和监督。

3. 财务决策能力

企业的任何一项财务工作，都需要财务经理做出正确的决策，因而财务经理的决策能力，决定着财务工作的质量。财务经理的决策能力在实际工作中的具体表现，如图1-3所示。

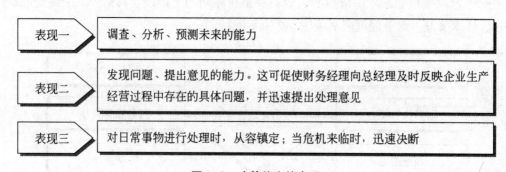

表现一	调查、分析、预测未来的能力
表现二	发现问题、提出意见的能力。这可促使财务经理向总经理及时反映企业生产经营过程中存在的具体问题，并迅速提出处理意见
表现三	对日常事物进行处理时，从容镇定；当危机来临时，迅速决断

图1-3　决策能力的表现

4. 财务控制能力

财务控制的能力可体现出财务经理的全局把控能力。企业的每个环节、每个角落都渗透着财务控制的精髓以及财务控制的各个相关要素。财务经理控制能力表现在授权和组织两个方面。财务经理应该充分调动下属的积极性，使他们各尽其能、各司其职。同时，还要处理好与企业总经理、各部门、下属以及税务、银行之间的关系。要友好地与别人相处，取得上级和税务、银行等部门的信任与理解。在工作中，如与上级和税务、银行等部门出现分歧，应采取适当的方式加以说明和化解。与其他部门应相互配合，分清职责；遇到问题时，应该积极寻找解决问题的办法，不要互相推诿。要充分支持和肯定下属的工作，认真听取和采纳他们的建议。

5. 领导能力

财务经理主管企业的财务工作，需要配合企业总经理组织一定的人力、物力、财力，为实现企业的年度经营目标而努力，这就要求财务经理必须具备一定的领导能力。

（1）有管理企业财务的战略头脑。即具有广阔的视野，善于从企业生产经营过程中发现和掌握本企业财务管理和会计核算的规律，并根据国家财经法规和税务制度，按总部的要求，结合企业所在地的实际情况，形成一套行之有效的财务运作方案。

（2）知人善用的能力。财务经理在实际工作中必须具有慧眼识英才的能力，对德才兼备的人应因材施用；同时要心胸宽广，海量纳贤，虚心学习，互助友爱，营造一个良好的工作环境，给工作群体带来成功的希望，从而有效地开展工作。

6. 协调能力

主要是处理好与集团总部、企业总经理、部门、下属以及税务、银行之间关系的能力。这就要求财务经理做到图 1-4 所示的几点。

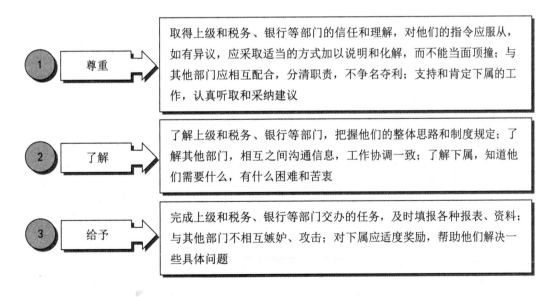

图 1-4　具备协调能力的要点

7.表达能力

表达能力可分为口头表达能力和书面表达能力。财务经理必须善于言辞,擅长分析。讷于言辞、不善分析与判断,怎能担当决策者的助手?

8.组织能力

组织能力表现在用人授权和指挥控制两个方面。财务经理应能合理地使用手下的人才,使他们"人尽其才,才尽其用",从而全方位调动他们的积极性,使他们创造更大的价值。

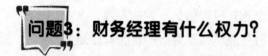

问题3:财务经理有什么权力?

作为一名财务经理,只有运用好组织赋予的权力,才能有效地履行自己的职责。通常而言,财务经理拥有图 1-5 所示的五种权力。

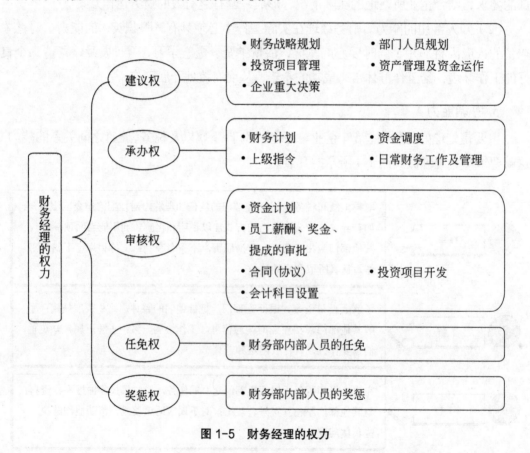

图 1-5　财务经理的权力

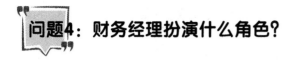

问题4：财务经理扮演什么角色？

现代企业中，财务经理已占据核心位置，他的角色、地位越来越重要和复杂，内涵也更为丰富。要想成为一名合格的财务经理，必须将图1-6所示的角色扮演好。

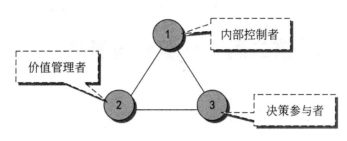

图1-6　财务经理的角色扮演

1. 内部控制者

对企业经营价值的管理是财务管理的重要部分，同时，财务管理具备较强的综合性。企业内部控制的关键因素自然非财务控制莫属。因此，企业内部控制的主体要由财务经理担任。

具体来说，财务经理应对财务流程、制度、岗位、决策、活动审批等具体工作负相应责任。通过以上工作的具体实施，可使企业的经营过程得到有效的控制，达到更高效的经营状态。不容忽视的是，在管理上，财务经理应当确立科学的管理观念，即内部控制的真实目的是通过实施有效的制度来提高企业的经营效率，而不单单是查错纠弊。

2. 价值管理者

价值管理是现代企业财务管理的核心所在，提升企业的价值需通过开展合理的财务管理工作来实现。所以，一名成功的财务经理应当明确自身的岗位职责，以高级价值管理者的姿态定位自己。要实现对企业财务整体性、全方位、全过程的管理，需通过财务预测、决策、控制等工作的科学实施，使企业始终保持高效、和谐的经营状态。财务经理应通过科学的税收筹划、成本管理及资本运作实现企业税负和成本的最低化，从而提升企业自身的价值。

3. 决策参与者

企业所有的经营活动都可概括为资金的运作，并且对企业的价值方面起着关键作用。对于所有为促进发展而进行的经济活动，不但要看到活动本身的作用，更应对其潜在价值进行分析。财务经理作为经济活动的策划者，对企业管理模式以及过程都有着优于常人的看法和意见。因此，财务经理应遵循"会计管理论"以及"会计回归企业论"原则，联系实际做出重要决策，这不但可用于财务管理，也可使财务经理在决策咨询方面的作用得以显现。

第二周　认识财务管理

财务管理，简单地说就是管理财务，是一项以资金运动为对象，利用资金、成本、收入等价值形式促进企业生产经营中价值的形成、实现和分配，并处理价值运动中经济关系的综合性管理活动。

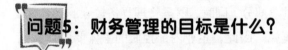

问题5：财务管理的目标是什么？

财务管理目标又称理财目标，是企业进行财务活动所要达到的根本目的，它决定着企业财务管理的基本方向。财务管理目标是一切财务活动的出发点和归宿，是评价企业理财活动是否合理的基本标准。

财务管理目标主要有四种观点，即利润最大化、每股收益最大化、企业价值最大化、相关者利益最大化。

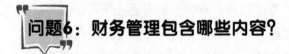

问题6：财务管理包含哪些内容？

财务管理主要包括以下内容。

1. 组织规划控制

根据财务过程控制的要求，企业在确定和完善组织结构的过程中，应遵循不相容职务相分离的原则，即一个人不能兼任同一部门财务活动的不同职务。

企业的经济活动通常划分为五个步骤：授权、签发、核准、执行和记录。如果这五个步骤由相对独立的人员或部门实施，就能够保证不相容职务的分离，可使财务过程的控制作用得以发挥。

2. 授权批准控制

授权批准控制是指对企业内部各部门或员工处理经济业务时权限的控制。企业内部各部门或员工在处理经济业务时，必须经过授权批准才能进行。授权批准控制可以保证企业既定方针的执行，并限制职权的滥用。授权批准的基本要求如图1-7所示。

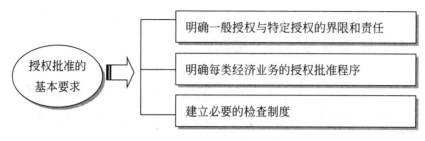

图1-7　授权批准的基本要求

3. 预算控制

预算控制的范围包括融资、采购、销售、投资、管理等经营活动的全过程。预算控制有以下两点要求：

（1）编制的预算必须体现企业的经营管理目标，并明确责任。

（2）执行中允许经过授权批准后对预算进行调整。

4. 成本控制

成本控制是运用系统工程原理对企业在生产经营过程中发生的各种耗费进行计算、调节和监督的过程，同时也是寻找一切可能降低成本途径的过程。财务经理科学地组织实施成本控制，可以促进企业改善经营管理，使企业在市场竞争的环境下生存、发展和壮大。

5. 风险控制

风险控制是指防止和避免出现不利于企业经营目标实现的各种风险。在这些风险中，经营风险和财务风险显得极为重要。

经营风险是指因生产经营方面的原因给企业盈利带来的不确定性，财务风险是指企业财务结构不合理、融资不当使企业可能丧失偿债能力而导致投资者预期收益下降的风险。由于经营风险和财务风险对企业的发展有很大的影响，所以企业在进行各种决策时，必须尽力规避这两种风险。

6. 稽核控制

稽核控制主要指企业内部稽核，是对会计的控制和再监督。内部稽核一般包括内部财务稽核和内部经营管理稽核。内部稽核对会计资料的监督、审查，不仅是财务管理的有效手段，也是保证会计资料真实、完整的重要措施。

7. 财务管理信息化

财务管理信息化就是指企业利用现代信息技术手段，对企业流程进行重组，挖掘财务人力资源的信息潜能，调动企业各种财务信息资源，更好地组织企业财务活动，处理财务关系，从而实现企业财务目标的过程。

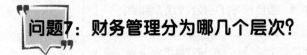

问题7：财务管理分为哪几个层次？

作为企业组织体系中不可或缺的职能部门，财务部门的第一方针就是为企业发展服务。财务管理的最终目的是给企业创造更多效益，而不是只做会计或出纳工作。一般将财务管理工作分为图1-8所示的五个层次。

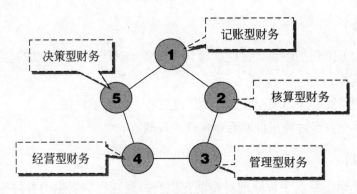

图1-8　财务管理五个层次

1. 记账型财务

这一类财务是财务管理的最低层次，同时也是最为普遍、人员基数最大的一个层次，它的基本职能是反映和监督；该层次的大部分工作都停留在反映、记录阶段，工作内容也相对较为容易，主要是填制凭证、记账、结账、编制报表等。有人认为财务会计就是单纯的算账、记账，只要算好账、记好账、上报完有关报表及数据资料就算完成了任务，并不需要深入到管理工作中去。这个阶段也是财务管理的初级阶段，它的重点在于反映。

2. 核算型财务

核算型财务其实是记账型财务在高标准要求下的升级，其目的就是体现报表结果的完整性、准确性、及时性和可比性，这样，财务管理的基本理念就上升到了一个新的高度。

报表真正的价值是用来分析，只有通过成本结构分析、异常分析发现对经营有价值的关键点，才能体现报表的作用。此外，核算型财务最重要的就是保证财务报表的及时性和准确性，而及时性和准确性的基本就是规范，即规范是及时性和准确性的基础。

3. 管理型财务

管理型财务的核心在于能否在财务部门打造一个内部控制体系。

企业管理，特别是集团企业，管理的重心之一在于控制，而财务控制是这个体系中的核心，它对规范企业行为、降低经营风险和提高企业整体竞争能力都起着至关重要的作用。能否做到管理型财务，主要取决于记账和核算的基础是否扎实，对国家政策的解读是否及时、准确，对税改、税收、税负、税政等一系列政策的理解是否透彻。

管理型财务在集团企业中是财务直管，要求财务负责人在企业里是业务权威，能做到企业资金流、信息流、物流的完整统一。另外，全面预算、资金集中管理等措施的实现，需要有很强的执行力，财务负责人还应做到令行禁止。

财务部门是否重要，在各职能部门面前是否有话语权，并不取决于领导的重视，而是由自己的努力和对企业进行管理所取得的效果决定的。管理型财务并不是死板地按制度办事，而是要求原则性与灵活性相结合。这需要财务管理人员有较高的业务水平和较强的综合管理能力，真正的管理型财务应该跳出财务范畴融入业务管理，既是业务权威，又是管理内行。

4. 经营型财务

经营型财务要求核算业务不断细化，能够随时拿出经营部门想要的数据给经营决策提供支撑，并主动为其服务。企业可以根据产品品种进行成本核算，分析哪些品种对企业的贡献多；可以根据市场区域进行核算，从中发现销售政策应向哪方面倾斜；可以根据客户进行核算，让经营部门了解客户为企业带来的价值；还可以根据销售人员进行核算，让企业清楚每个员工所创造的效益。

5. 决策型财务

决策型财务还需要有正确的决策分析，要对企业的经营活动进行计划、决策、控制和考核，以保证目标利润的实现，这正是管理会计的职能所在。决策型管理会计的工作内容取决于各级管理人员的需求，各级管理人员的需求在哪里，管理会计的价值就在哪里。

例如，在价格决策方面，企业可能有很多对市场非常敏感的产品，这些产品要经常调整价格，但是调价的程序和依据需要财务部门及时提供准确的数据支持。

在治理结构和投资方面，财务负责人一定要清楚企业的投资理念和投资方向，关注项目本身的竞争优势和企业手续是否健全、企业法人地位如何、资产是否合法等关键问题。

> **小提示**
>
> 从以上五个层次的分析可以看出，只要企业走出了记账型财务阶段，准确和及时两大要求就会摆在面前，这也是财务能够进入管理、经营、决策的基础。

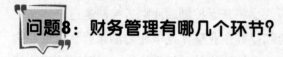

问题8：财务管理有哪几个环节？

财务管理环节是根据财务管理工作的程序及各部门间的内在关系划分的，分为图1-9所示的几个环节，各个环节相互连接，形成了财务管理工作的完整过程，也被称为财务管理循环。

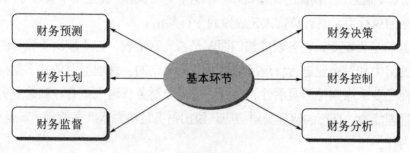

图1-9　财务管理的基本环节

1. 财务预测

财务预测是根据财务活动的历史资料，结合现实的要求和条件，对企业未来的财务活动和财务成果做出的科学预计和测算。

2. 财务决策

财务决策是根据企业经营战略和国家宏观经济政策的要求，从提高企业经济效益的目标出发，在若干个可以选择的财务活动方案中，选择出最优方案的过程。

3. 财务计划

财务计划工作是落实企业奋斗目标和保证措施的必要环节。企业财务计划主要包括资金筹集计划、固定资产投资和折旧计划、流动资产占用和周转计划、对外投资计划、利润分配计划等。除了各项计划表格以外，还要附列财务计划说明书。

4. 财务控制

财务控制是在生产经营活动的过程中，以计划任务和各项定额为依据，对资金的收入、支出、占用、耗费进行日常核算，并利用特定手段对各单位财务活动进行调节，以实现既定的财务目标。财务控制是落实计划任务、保证计划实现的有效措施。

5. 财务监督

财务监督是运用单一或系统的财务指标对企业的生产经营活动或业务活动进行观察、判断、建议和督促，其目的是：

（1）通过财务指标实现对供应、生产、销售等活动的监督。

（2）通过财务指标实现对财务系统的监督。

（3）通过财务指标实现对企业财务状况和整体素质的监督。

6. 财务分析

财务分析是以核算资料为主要依据，对企业财务活动的过程和结果进行评价和剖析的一项工作。借助于财务分析，财务经理可以掌握各项财务计划指标的完成情况，有利于改善财务预测、决策、计划工作；还可以总结经验，研究和掌握企业财务活动的规律，不断改进财务管理工作。财务经理应通过财务分析来提高业务水平，做好财务工作。

第三周　熟悉我的部门

财务部门是指组织、领导和具体从事财务管理工作的职能部门，是企业管理机构中一个专业的管理单位。

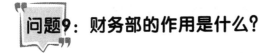 问题9：财务部的作用是什么？

企业财务部门的作用表现在表 1-2 所示的几个方面。

表 1-2　财务部门的作用

序号	作用	具体说明
1	帮助企业降低成本	财务管理是企业管理中一个重要的部分，它能够为企业的管理者提供财务信息，而且还能帮助其控制企业的成本，让企业的竞争力增强
2	有利于保证企业的财产安全	企业的持续发展需要资金的大力支持，所以，建立企业财务管理体系有利于企业完善各项财务资产的安全管理，并预防企业财产的损失
3	为企业的经营发展提供保障	企业的长期可持续发展需要给予财务会计工作充分的重视，财务会计工作能够将企业发展的真实情况反馈给企业的管理层，使管理者能够对企业未来的经营生产、投资规划等制定出合理的策略

问题10：财务部的职责是什么？

财务部作为企业的一个重要职能部门,担负着企业财务监督的重任。其主要职责如下：

（1）参与制定企业财务制度及相应的实施细则。

（2）参与企业工程项目的可行性研究和项目评估中的财务分析工作。

（3）负责董事会及总经理所需财务数据资料的整理与编报。

（4）负责与企业外部，如政府部门、税务局、财政局、银行、会计师事务所等进行联络、沟通。

（5）负责资金的管理与调度，负责编制月、季、年度财务情况分析报告，向企业领导汇报企业的经营情况。

（6）负责销售统计、复核工作，每月负责编制销售应收款报表，并督促销售部及时催交货款；负责销售货款的收款工作，并及时送交银行。

（7）负责每月转账凭证的编制，汇总所有的记账凭证。

（8）负责企业总账及所有明细分类账的记账、结账、核对，每月月初完成会计报表的编制，并及时清理应收、应付款项。

（9）协助出纳做好货款的收款工作，并配合销售部做好销售分析工作。

（10）负责企业全年会计报表、账簿的装订及会计资料的保管工作。

（11）负责银行业务管理，负责支票等有关结算凭证的购买、领用及保管，负责办理银行存款收付业务。

（12）负责现金管理，审核收付原始凭证。

（13）负责编制银行收付凭证、现金收付凭证，登记银行存款及现金日记账；月末与银行核对账单和银行存款余额，并编制余额调节表。

（14）负责企业员工工资的发放及现金收付工作。

问题11：财务部的工作流程是什么？

财务部的业务操作流程如图1-10所示。

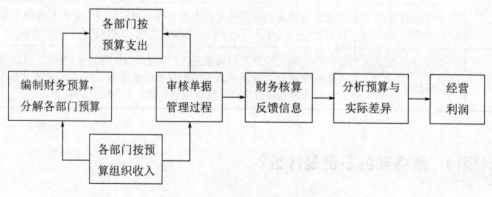

图1-10　财务部业务操作流程图

问题12：财务部与其他部门如何沟通？

良好的财务监督能够有效反映出企业各项工作的成果和不足。财务部门不能简单地用规定和要求（计划、制度、回款、费用控制等）去约束其他部门的工作，而是应该更多地根据企业的业务特点和市场情况为其他部门提供有效的数据分析和财务支持。

外部竞争的压力迫使财务部门承担了企业其他部门的压力，这逐渐促使财务部门改变自身的工作职能，实现转型。而财务部门定位的改变，必然是建立在与企业其他部门更顺畅沟通的基础之上。那么，怎样实现有效的沟通呢？

首先，财务部门要与企业的人力资源部门密切合作，将企业财务执行情况与人力资源部门的业绩考核紧密地结合起来，及时、有效地把财务执行情况反映在各个部门的业绩表现和激励上。

其次，财务部门要与企业的市场部门通力合作，制定积极的、切实可行的销售政策，提高市场人员销售的积极性，不断扩大企业的市场占有率。

再次，财务部门要及时了解企业研发和技术部门的工作动态，为他们的新产品研发提供准确的成本效益分析，以便于他们的新产品能够快速投放市场，从而提高企业的利润点。

最后，财务部门要与其他职能部门通力合作，厉行节约，节支减排，提高企业的资金使用效率。

以上内容，已经大大超出传统意义上的财务工作，其他部门对财务部门参与经营、为各业务提供支持的要求也在不断提高，而财务部门要想真正参与到企业的经营中去，变成企业价值的创造者和管理者，就必须想其他部门之所想，只有这样才能达到有效沟通的目的。

可以说，当今财务人员正面临着巨大的挑战，不但要做好自己的本职工作，还要积极地参与到企业的生产经营中去。如果说其他部门的工作目标是保证股东价值最大化的充分条件，那么财务部门的工作就是保证股东价值最大化的必要条件，二者缺一不可。为了实现现代企业股东价值最大化的经营目标，财务部门就必须改变自身的定位，树立为企业其他部门服务的形象，而要完成这一形象的转变，就需要财务人员不断了解企业的业务，熟悉企业的业务，改变自己的知识结构，帮助企业其他部门进行成本分析、定价分析，为企业的健康发展做好决策。

这方面工作，绝非一朝一夕所能完成，所以，为了更好地适应现代企业的发展，财务经理任重道远，还需不断地学习与努力。

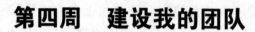

第四周　建设我的团队

任何一个部门的事务都需要一个团队才能完成，作为财务经理，必须组建自己的团队，依靠团队的力量来完成工作。

问题13：财务经理有哪些下属？

财务经理的下属即财务部的各级职员，包括出纳、成本会计、销售会计、税务会计、总账会计等。不同规模的企业，其财务部的规模不一样，下属的组成也不一样。

问题14：财务部设置哪些职位？

1. 财务岗位设置的基本规定

（1）符合内部牵制制度

会计工作可以一人一岗、一人多岗或者一岗多人。但出纳不得兼管稽核、会计档案保管以及收入、费用、债权债务账目登记等工作。

（2）执行回避制度

企业领导人的直系亲属不得担任本单位的会计机构负责人和会计主管。会计机构负责人的直系亲属不得在本单位会计机构中担任出纳。

（3）执行会计人员岗位轮换制度

会计人员的工作岗位要有计划地进行轮换，使会计人员能够全面熟悉财会工作、扩大知识面、增强业务素质、提高工作水平。轮换时应按规定办理交接手续，一般 2～3 年轮换一次，最长不超过 5 年。

2. 岗位设置与分工

要根据企业管理工作的实际需要，设置财务负责人、管理会计、总账报表、现金出纳、银行出纳、往来结算、固定资产核算、成本费用核算、纳税申报、增值税票管理和稽核等工作岗位。

问题15：如何提升团队的水平？

财务经理可从图 1-11 所示的几个方面来提升团队水平。

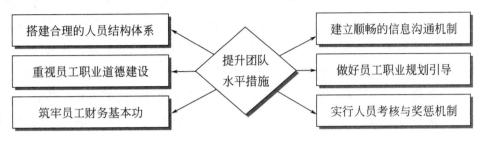

图 1-11 提升团队水平的措施

1. 搭建合理的人员结构体系

站在企业经营的角度，从成本效益原则和组合效果考虑，构建高、中、低三个素质层次，老、中、青三个年龄段，包括固定员工、临聘人员或外包服务人员，且符合行业性质与男女比例的团队，能满足人员的自然流动和更替，能满足个人对职业发展的长远规划，能满足老中青传帮带的授业传统，能满足企业生命周期的需要，能实现劳动价值和效率最大化、成本费用最小化。

对此，财务团队应当在上述人员结构体系的基础上，明确所需聘用人员的条件和要求，招录符合要求的人员进入见习期或试用期，为其提供或创造能够辨识职业道德和专业能力的工作机会，并严格按照考核条件对其进行评价和考核，本着为人、为企的原则，及时做出录用、换岗或辞退的决定，以实现人员能上能下、能进能退和良性循环的目的。

2. 建立顺畅的信息沟通机制

现代企业愈加认识到财务在企业管理中的重要作用，对财务人员逐步形成集成化的统一管理模式。信息能否自上而下或自下而上得到有效传递，能否被准确领会或理解，已成为影响团队工作效率的重要因素。做到内外部信息顺畅沟通和掌握必要的沟通技巧成为现代财务人员必备的技能之一。

3. 重视员工职业道德建设

员工入职，要充分借助入职前尽调、入职培训来加强员工职业道德建设和提升。鉴于财务工作的特殊性，财务岗位选择员工要特别注意德才兼备，德为首要原则，在这个基础上，尽量选择爱岗敬业、诚实守信、廉洁自律、客观公正、工作认真、坚持原则的人，来降低未来工作中出现违法违纪的固有风险。加强员工一岗双责、廉洁自律教育，可通过播放警示教育视频或实地警示教育等方式，从多方位和多角度来警醒财务人员，使其洁身自好，严格遵守财经纪律和法规，以预防职务和岗位违法违纪行为。

4. 做好员工职业规划引导

财务部门应紧紧围绕企业发展战略来布局，包括人员录用、人才引进和团队建设等，需要提前进行规划，做好中长期目标，并付诸实施，同时要根据实施情况适时调整，确保不偏离企业战略。有了总体目标，具体到每个员工时，就需要结合个人特点和优势，协助他们树立正确的人生观和价值观，帮助他们制订明确的职业规划，将大目标分解为可以具体实施的阶段性计划，帮助和引导他们解决工作、生活中遇到的问题和困惑，培养他们独立思考和解决问题的能力与水平。让员工明确知道自己努力和奋斗的目标，以及在企业中的职业发展前景、工作机遇和价值所在，能激发其内在的活力、动力，增强其归属感、集体荣誉感，使其上下团结一心，形成合力。

5. 筑牢员工财务基本功

对于刚入职的新员工不能急于求成，应当按照先易后难的次序，进行循序渐进的培养，尤其要苦练财务基本功，这对他们将来的工作有着不可替代的作用，同时也是锻炼财务人员坚守原则、理清思路、提高效率的必经之路。

6. 实行人员考核与奖惩机制

财务人员属于企业关键岗位的员工，为了确保准则、制度执行的统一性，保证业务监督的力度，应对财务人员实行统一垂直管理。子公司的重要财务岗位宜采用委派制度，以达到总部对整个企业或集团的高度集中管控，确保有令即行、有禁即止。财务系统内部应建立考核和奖惩机制，考核可以采用定期与不定期、综合与专项、系统内和系统外等多种方式相结合的办法来进行。为此，财务部门的所有岗位，均应设有明确、清晰的工作职责和完成标准，并充分利用末位淘汰制，实现人员的优胜劣汰和合理比例内的流动与替换。针对优秀的财务人员，要灵活运用物质奖励和精神奖励，激发其奋发向上的斗志，为其创造更多深造、提升和锻炼的机会，从而实现留住人才、用好人才、人才兴企的目的。

第二个月

自我提升

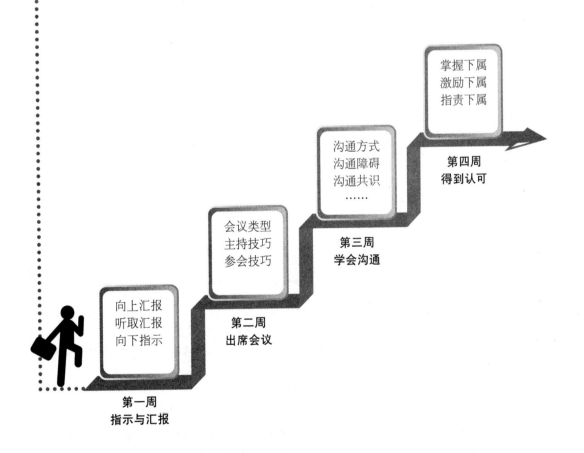

掌握下属
激励下属
指责下属

第四周
得到认可

沟通方式
沟通障碍
沟通共识
……

第三周
学会沟通

会议类型
主持技巧
参会技巧

第二周
出席会议

向上汇报
听取汇报
向下指示

第一周
指示与汇报

第一周　下达指示与汇报工作

财务经理是中层管理者，负有信息上传下达的使命。从上级那里接受命令，然后再准确地传达给下属去执行；要接受下属的工作汇报，同时，自己也要向上级汇报工作。

问题16：如何向上级汇报工作？

汇报工作指的是下属向上级以口头或书面形式陈述工作情况，既是上下级之间进行沟通互动的一种重要途径，同时也为上级提供了一个考察下级的机会。作为中间层的财务经理，免不了要向上级汇报工作，也免不了要听取下级的汇报，所以，需掌握好这方面的技巧。

1. 汇报的要点

汇报的要点如图 2-1 所示。

1 精简	不要带着邀功的心态极力强调工作的难处。此外，汇报要简明扼要
2 有针对性	汇报的内容要与原定目标和计划相对应，切忌漫无边际
3 从上级的角度来看问题	汇报的内容要更贴近上级的期望
4 尊重上级的评价，不要争论	通常情况下，争论分为三个步骤，首先要明确问题的焦点，然后提出持不同观点的理由，最后寻找问题解决的途径。而在汇报时，根本没有时间把争论进行到第三阶段，因而上级也就无法赞同你的观点
5 补充事实	一般在汇报完后，上级会给予评价，从中可以知道上级对哪些地方不是很清楚。你可以补充介绍，或提供补充材料，以加深上级对你所汇报工作的全面了解

图 2-1　汇报的要点

2. 注意事项

向上级汇报工作时应注意图 2-2 所示的要点。

遵守时间，不可失约

应树立极强的时间观念，不要过早抵达，使上级准备未毕而难堪；也不要迟到，让上级等候过久

汇报内容要真实

汇报内容要实事求是，汇报时要吐字清晰，语调、声音大小恰当

注意礼仪

汇报时，要注意仪表、姿态，要站有站相、坐有坐相、文雅大方、彬彬有礼

汇报结束后不可不耐烦

汇报结束后，上级如果谈兴犹在，不可有不耐烦的体态或语言，上级表示结束时才可以告辞

告辞时要整理

告辞时，要整理好自己的材料、衣着与茶具、座椅，当领导送别时要主动说"谢谢"或"请留步"

图 2-2　向上级汇报工作时的注意事项

问题17：如何听取下属的汇报？

财务经理在听取下属的工作汇报时要注意图 2-3 所示的几点。

要点一　应守时

如果已约定时间，应准时等候，如有可能可稍提前一点时间，做好准备工作

要点二　要平等

应及时招呼汇报者进门入座。不可居高临下、盛气凌人、大摆官架子

要点三　要善于倾听

当下属汇报时，可与之进行目光交流，并配以点头等表示自己认真倾听的肢体语言

图 2-3

要点四 ▶ 要善于提问

对汇报中不甚清楚的问题可及时提出来，要求汇报者重复一遍、仔细解释，也可以适当提问，但要注意所提的问题不可打消对方汇报的兴致。不要随意批评、拍板，要先思而后言

要点五 ▶ 不可有不礼貌的行为

听取汇报时不要有频繁看表、打哈欠，或做其他事情等不礼貌的行为。要求下属结束汇报时可以通过合适的肢体语言或委婉的语气告诉对方，不能粗暴打断

要点六 ▶ 要礼貌相送

当下属告辞时，应站起来相送。如果是联系不多的下属来汇报，还应送至门口，并亲切道别

图 2-3 听取员工汇报工作时的注意事项

问题18：如何向下级下达指示？

作为财务经理，经常要对下属下达指示，可能你对下达指示不以为意，认为很简单。你是否曾这样下过指示？

"把上个月的报表拿给我看看。"

"你去和生产部沟通一下，要他们注意成本控制。"

"你去和销售部谈谈，告诉他们这个月的费用超标了。"

如果你经常这样下指示的话，那现在请你以执行者的心态去想想：收到这样的指示，你真会按照指示去执行吗？执行真能达到要求吗？肯定不会，为什么呢？因为没有"听懂"指示的真正含义。上个月的报表？什么报表？资产类？收益类？没有说清楚。要生产部注意控制成本？怎么注意控制？控制到什么程度？采取什么方法控制？销售部的费用超标了多少？该怎么改善这种现象？这些问题，都没有说清楚。接到这样的指令，恐怕谁都执行不下去。

1. 指示的具体内容——5W2H

没有具体内容的命令，往往使员工无所适从，他们要么不去做，要么靠自己想象来做，必然会导致结果出现偏差。那么，怎样下指示才有效呢？

完整地发出命令要有 5W2H 共七个方面的内容（如图 2-4 所示），这样员工才能明确知道自己的工作目标是什么。

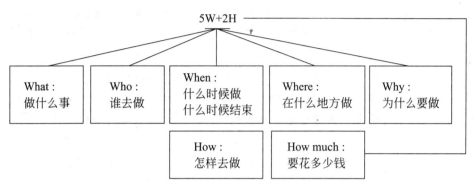

图 2-4　5W2H 要点

只有明确了 5W2H，执行人员才会按照指示要求将事情做好。

2. 注意事项

在下达指示时，还要注意图 2-5 所示的几个问题。

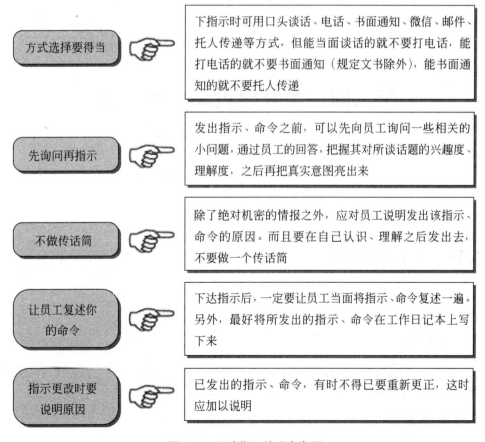

图 2-5　下达指示的注意事项

> **小提示**
>
> 尽量当面下达指示、命令，必要的时候要示范演练，同时在下达完后要让下属当面将指示、命令复述一遍。另外，你和你的下属最好都能将你发出的指示、命令在工作日记本上写下来，这样既便于下属的记忆和传达，也便于你自己的检查与监督。

下面是同一条命令不同表达的举例，你认为哪一个最好呢？

1. 小昌，上个月的客户资信你是怎么做的，把一家文具公司的资信评估弄得一团糟。你好好检查一下，再重新做。

2. 小昌，我翻看了上个月的客户资信评估报表，你把一家文具公司的资信评估错了。你再查一下。

3. 小昌，上个月的客户资信评估报告我看了一下，你把一家文具公司的资信评估报告弄错了。他们的月采购和付款能力远不能达到 50 万元。其实，我也知道，最近你手上的事情比较多，这次被评估的客户也比较多，难免出错。但是，我们需要找出问题来，进行更正，以免公司受损。你再去重新做个评估吧。注意多和采购部沟通，他们也许会给你很多帮助。

第二周　主持会议与参加会议

会议是现代管理的一种重要手段，作为管理者的财务经理，不免要召开和参加各种各样的会议。

问题19：会议有哪些类型？

企业内的会议往往有很多，有常规的，也有非常规的。

1. 常规会议

常规会议是指有较为固定时间或内容的会议。

如每季度的资金调度会议、每月的财务分析会议、每天的例会等。

2. 非常规会议

非常规会议是指由于生产、品质、安全、管理等方面突发异常，需要通告、协调或做决定而召开的会议。非常规会议一般具有较强的时间紧急性。

如资产重组时的特别会议。

问题20：主持会议有什么技巧?

主持会议的能力，是考验一个人是否适合担任领导的最简单方式。如何提高开会的效率，让每个人都能各抒己见、各得其所？图2-6所示的几点很重要。

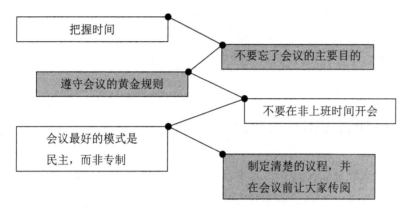

图2-6　主持会议的要点

1. 把握时间

为了尊重每个人，开会时不要拖延时间，尤其是一些经常性的会议。所以财务经理要让会议顺畅地进行，就应对每个议题的讨论时间做出限制。如果某个议题讨论很久还没有结果，就把这个议题记下来，下次开会时再讨论。

> **小提示**
>
> 如果会议一定要得出某些具体的结论，那在开会前就要告知每个参与的人，不达目的绝不罢休。不要为了减轻与会人员的负担而迅速结束会议，这只会让你的后续动作更困难。

2. 不要忘了会议的主要目的

开会通常有三个目的：沟通、管理和决策。不管哪一个目的，最重要的都是以行动为焦点，例如，会议讨论要采取什么行动、上次行动的结果如何，或是在不同的行动方案中选择一个。要避免没有讨论的会议，因为那很可能会浪费时间。

3. 遵守会议的黄金规则

公开称赞，私下批评。要避免公开批评别人的意见，因为这对士气有很大的影响。

4. 不要在非上班时间开会

尽量在日常上班时间开会,除非是很紧急的事情。喜欢在傍晚或者周末开会的人,缺乏工作与生活的平衡,自然也无法在正常时间做好分内的工作。

5. 会议最好的模式是民主,而非专制

不要试图影响与会者做出你想要的结论,更不要只凭职衔或权力来领导他人。好的领导应该使用说服而非强迫的方式。另外,还要了解会议的意义,如果你想要宣告自己的一项政策,只要将它发布在相关媒体上即可,不需要召集大家。

6. 制定清楚的议程,并在会议前让大家传阅

在开会前必须清楚会议的目的、内容和讨论方式,并整理成清楚的议程,在会议前让大家传阅,这样才能让与会人员有充分的时间准备相关的资料。

问题21:参加会议有什么技巧?

以上讲的是主持会议的技巧,然而,作为财务经理,你不只主持会议,还会经常参加一些会议,那么,参加会议应注意哪些细节呢?图2-7所示的细节对你的职场生涯一定大有帮助。

图 2-7　参加会议的技巧

1. 有准备地赴会

为了在每一场会议中都取得最好的效果,走进会议室之前,你应对以下几个问题,进行周全的思考。

(1)谁召开这次会议。为了确定会议的重要性,首先要知道会议的召开人是谁。显而易见,董事长召开的会议,要比总经理召开的会议更加重要。

(2)为何召开这次会议。你若不搞清楚会议的真正目的而贸然走进会议室,很容易受挫。因此,在参会前你应先清楚这次会议:

——是否为了那些悬而未决的老问题而召开？

——是否为了摆脱棘手的问题而召开？

——是否因为某些人迫使上级做决策而召开？

2. 做好会前沟通

如果你有新的提议，而且你的提议可能会影响到另一部门或另一些人的安全感，那你应在会议之前，先与这些可能反对你意见的人进行沟通，以便采取一些足以维护他们颜面的措施，甚至取得他们某一程度的谅解或支持。必要的时候，你也可以让他们用他们的名义提出你的观点。尽管这样做等于拱手将自己的观点送给别人，但是假如你志在让你的观点被采纳，那这样做又何妨？

> **小提示**
>
> 　　不论你是否在会议前进行沟通，在会议中，一旦你要提出新观点，千万不要在言辞上威胁到有利害关系的人士。

3. 谋求沟通方法

会议场合中的沟通媒介除了有声的语言之外，还有无声的语言，如仪容、姿态、手势、眼神、面部表情等。这些无声的语言也扮演着相当重要的角色。现将需要特别注意的地方简述如下：

（1）仪容要整洁。蓬头垢面通常得不到与会者的好感。

（2）准时或提前抵达会场。

（3）避免穿着奇装异服。为稳妥起见，你的穿戴应尽量趋于平常化。

（4）留意坐姿。最理想的坐姿是脊椎骨挺直但不僵硬，因为只有这样，你才能在松弛的状态下保持警觉性。

（5）目不斜视。与人对话时最忌讳两眼闪烁，或斜眼看人，因为这样会让人对你的动机或品格产生不良的评价。同样忌讳的还有以求情的眼光看人，因为这样做足以削弱你说话的分量。

（6）借手势或物品强调自身的观点。以手势配合说话的内容，可以令听众印象深刻。手势的幅度可视你所想强调的内容而定。谈细节的时候，手势要小；谈大事时，手势要加大。使用手势时，必须考虑周围实体环境的情况。外界的空间越大，手势可越夸张；外界的空间越小，手势应越收敛。为强调你的意见而以物品作为道具也是一种良好的举措。

4. 灵活使用数据

生活在数字的世界里，每天的所见、所闻与所思，几乎没有不涉及数字的。然而，在会议中使用数字时，一定要注意下面两个要领：

（1）除非必要，否则不要随便提出数字。

（2）要设法为枯燥的数字注入生命。这即是说，要让数字所代表的事实，成为与会者生活经验中的一部分。

5. 树立良好形象

时刻留意自己在他人心目中的形象，因为好的形象在会议中可产生莫大的助力，坏的形象则足以令你在会议中处处受钳制。下面是一些有助于塑造及维护良好形象的参考事项：

（1）人们总是喜欢诚实，以及以公平态度待人的人。

（2）人们所渴望听到的是事实，因此对那些夸夸其谈、自命不凡的人极度反感。

（3）人们都不喜欢不愿倾听他人意见的人。

（4）人们对情绪激动的人通常欠缺信心。

（5）人们对态度冷静和善于逻辑推理的人的判断力，均寄予信心。

（6）人们对富有想象力与创造力的人均会产生好感。但是，当一个人的想象力与创造力超越了人们所能理解或想象的范围，则该想象力与创造力很容易被视为荒谬。

（7）在会议中最令人讨厌的两种人大概是：喜欢打断别人说话的人，喋喋不休的人。

6. 保持积极态度

在一般会议中，经常面临消极的气氛，包括消极的表情、消极的情绪、消极的话语、消极的反应等。在消极的气氛中，若能注入积极的言辞与积极的态度，那将成为严寒中的一股暖流。

下一次再参与会议，如果参照下列诸要领行事，将获取良好的效果：

（1）从积极的角度看问题，将那些产生不良后果的消极观念扭转为积极观念。例如，将"这200万元的投资当中有一半肯定要泡汤！"扭转为"这200万元的投资当中有一半肯定会带来收益！"

（2）倾听那些足以暴露真相的"泄气话"，并设法解开疑惑。

（3）降低会议中所面临问题的难度，设法先解决较简单的问题，以增强与会者对解决困难问题的信心。

（4）自告奋勇地承担工作，这对减轻与会者的精神负担与实质负担均大有帮助。

（5）当其他与会者强调困难时，设法提供解决方案。

（6）对提供良好意见或解决途径的其他与会者，表达你个人的赞赏。

（7）面对棘手的问题时，应讲求实际，而不应悲观。

（8）鼓励与会者积极进取。

7. 协助控制会场

作为财务经理，即使你不是主持人，在必要的时候，也需协助主持人控制会场，具体要求如图 2-8 所示。

千万要自律，切莫为主持人制造难题。这至少包括：不要与邻座交头接耳；除非特别紧要的事情，否则不要中途离席；不要与主持人或其他与会者争论；不要意气用事；不要在会议中做与会议无关的工作

假如与会者之间发生争论，则应主动介入，并设法令争论的每一方都能理解对方的观点

如有人垄断会议，则主动提出自己的意见，或鼓励其他与会者发表意见，以打破垄断局面

如果讨论的内容偏离主题，则设法提醒与会者有关会议的目标及问题的焦点，以便将与会者的注意力引回正题

图 2-8　协助控制会场的要求

第三周　架起沟通的桥梁

财务经理主管本部门，负责财务部的财务规划、项目投资、资产运作等工作。他的沟通围绕财务管理进行，对内与下属人员及时沟通，解决财务中存在的问题，对外与采购、生产、销售等部门做好协调配合，把财务管理工作做好。

问题22：沟通有哪些方式？

企业内的沟通有图 2-9 所示的几种方式。

1. 文字形式

文字沟通即以报告、备忘录、信函等文字形式进行沟通。采用文字进行沟通的原则如图 2-10 所示。

图 2-9　沟通方式

1	文字要简洁，尽可能删除不必要的用语和想法
2	如果文件较长，应在文件之前加目录或摘要
3	合理组织内容，最重要的信息一般要放在最前面
4	要有一个清楚、明确的标题

图2-10　文字沟通的原则

2. 口语形式

口语形式即利用口语面对面地进行沟通。口语沟通需要沟通者知识丰富，且具有自信、发音清晰、语调和善、诚挚、逻辑性强、有同情心、心态开放、诚实、仪表好、幽默、机智、友善等有益沟通的特质。

3. 非口语形式

非口语形式是指伴随沟通的一种非语言行为，具体包括眼神、面部表情、手势、姿势和身体语言等。

问题23：沟通的障碍来自于哪些方面？

有人因不善辞令、不会讲话，常常使沟通不畅。但健谈的人也未必就是沟通高手，如果只会喋喋不休，反而易引起别人的反感。而不善表达者，如果抓住了重点，掌握一些技巧，沟通也会进行得很好。

常见的沟通障碍一般来自三个方面：传送方的问题、接收方的问题及传送渠道的问题，如表2-1所示。

表2-1　常见的沟通障碍

障碍来源	传送方	传送渠道	接收方
主要障碍	1. 用词错误，词不达意 2. 咬文嚼字，过于啰嗦 3. 不善言辞，口齿不清 4. 只想让别人听自己的 5. 态度不正确 6. 对接收方反应不灵敏	1. 经过他人传递产生误会 2. 环境选择不当 3. 沟通时机不当 4. 有人破坏	1. 听不清楚 2. 只听自己喜欢的部分 3. 偏见 4. 光环效应 5. 情绪不佳 6. 没有注意言外之意

身为财务经理应克服沟通障碍，注意下列禁忌：

（1）只想让别人听自己的。

（2）只听自己想听的。

（3）不好的口头禅。

（4）语句威胁。

（5）不好的沟通环境。

（6）不稳定的情绪。

同时，在沟通时要注意图 2-11 所示的"三要、三不要"。

	三要	
（1）赞美与鼓励的话要说 （2）感谢与幽默的话要说 （3）与人格有关的话要说		（1）没有准备的话不要说 （2）没有依据与凭证的话不要说 （3）情绪欠佳的时候不要说
	三不要	

图 2-11　沟通的"三要、三不要"

问题24：如何达成沟通的共识?

财务经理与人沟通时应建立下列共识：

（1）欢迎别人提出不同的意见。

（2）感谢别人的建议。

只要员工愿意说出工作方面的想法，不论正面或反面，都是好事。一来财务经理可以倾听员工内心真正的声音；二来即使员工对部门有诸多不满，但只要他愿意说出来，就给了公司和管理者一个改进的机会。

在这个过程中，要先听后说，不直接表达情绪（非理性情绪），并且态度诚恳，说话实际。

当沟通无法达成共识时，应予协调；当协调未解决时，应进行谈判；当谈判无结果时，应暂时搁置，然后寻求其他方法解决。

当上级与下属各自坚持自己的解决方案而又无法证明哪个方案较好时，站在下属的立场，若确定使用上级的方案，下属应全力支持；站在上级的立场，若下属的方案可预防风险，而且因此能培养下属的某项能力时，可以决定使用下属的方案。

 相关链接‹‥‥‥‥‥‥‥‥‥‥‥‥‥‥‥‥‥‥‥‥‥‥‥‥‥‥‥‥‥‥‥‥‥

沟通的"7C"原则

美国著名的公共关系专家特立普和森特在他们合著的被誉为"公关圣经"的《有

效的公共关系》一书中提出了有效沟通的"7C原则"：

Correct（正确）——传递的信息必须是正确的。

Complete（完整）——在沟通中，双方表达的内容要完整。

Concrete（言之有物）——在沟通中要有事实、有证据。

Clarity（清晰）——沟通之前做好准备，分类汇总，有条理地解释说明。

Courtesy（礼貌）——沟通中要注重礼仪，说话讲技巧、有分寸。

Concise（简明）——要简洁，越简单越好。

Considerate（体贴）——换位思考，将心比心。

问题25：如何运用沟通的技巧？

沟通是一个讲与听的过程，所以，不但要会讲，还要会听。

1. 倾听

倾听是沟通最重要的技巧，当下属的话匣子打开以后，沟通已经成功一半了。倾听讲究"停、看、听"，如图2-12所示。

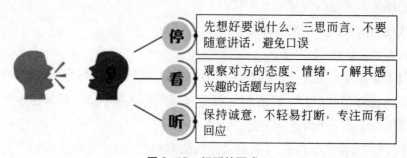

图2-12　倾听的要求

2. 谈吐

财务经理在与他人沟通时，一定要注意自己的谈吐。

（1）注意交谈的语调。

（2）考虑时间、场所。

（3）言简意赅。

（4）多使用肯定语句，少使用非肯定语句，不用攻击、伤害、批评、讽刺的语句。

3. 态度

（1）应用轻松、平和的态度与人沟通。

（2）心平气和、义正词婉，理性的沟通有利于双方达成共识。

（3）肯定自己、肯定别人。

（4）注意眼神、姿势、肢体语言等。

问题26：管理沟通的要领何在？

1. 向上沟通

我们先来看一个案例：

财务经理因为新项目上线，缺乏资金，向财务总监"要钱"。

经理："张总，昨天开会，董事长说要上一个新的项目，为第三套生产线做准备，是吗？"

总监："是的。怎么，有问题吗？"

经理："是的，不但有问题，问题还很大。"

总监："你说说吧。"

经理："我现在手上可支配的资金只有80万元，离新项目的需求还缺40万元。我给您算一下，这个月要付给供应商30万元，房租、水电、生产支出20万元，其他包括员工福利、伙食费要付12万，除去这些只剩下18万元，而新项目需要58万。这么大的资金缺口，我也想了一些办法，找客户沟通，答应给我们10万元；与房东沟通，答应先付一半的租金。可我总不能不支付生产资金吧？这样算下来，还缺20万元。情况就是这样的。所以，我想能不能动用您手里的权力，先用您的资金顶一下，到了下个月，我就有了缓和的余地，因为，供应商那里我可以再做工作，放到这个季度末付款。张总，您看这个方案可以吗？"

总监："你都替我盘算好了，还有什么不可以呢？就按你的意见办。不过，我的钱，你可要准时还给我。"

这是个找上级"要钱"的案例。对财务经理来说，最头痛的莫过于"钱"了。可是，从这个案例看，财务经理很精明，他知道财务总监手里有钱，但是要拿到手，是需要动一番脑筋的。于是，他事先把账算好，到了总监那里，一股脑地和盘托出，显得很从容，也很有主见。这样的沟通，没有不成功的。正如财务总监所说的"你都替我盘算好了，还有什么不可以呢？"

每个人都有上级，如何与上级沟通呢？有以下三个建议：

（1）不要给上级出问答题，尽量给他出选择题。

遇到事情需要解决时，千万不要跟上级说"是不是开个会"这样的话，因为上级会搁置此事，这样就永远没有结果。所以对上级讲话不要出问答题，而要出选择题。

——领导您看明天下午开个会怎么样？

——那么后天上午呢？

——那么后天上午十点半以后呢？

——好吧，十点半以后。

——谢谢，我明天下班前再提醒您一下，后天上午十点半我们开个会。

（2）选择合适的地点。这里有一个经验值得借鉴：上级很忙，但再忙也得下班回家吧。对于有些只需要简单回答"YES"或"NO"的问题，就可以去停车场等候上级。这时他一定会看到你，就会给出答案。

（3）一定要准备答案。没有准备好答案，只有两个后果，第一个，上级会在心里说，我要你这个员工干什么？什么答案都要我来想；第二个，上级也没想出什么了不得的答案。因此，与其让他想半天也想不出来，还不如干脆给他答案。

情境：常务副总办公室。

财务经理："黄总，打扰您了。我来请示一件事情。"

黄总："什么事情，你说吧。"

财务经理："随着公司的发展，公司人数由原来的20人增加到了50多人，部门都在反映办公费用紧张。我在考虑，是不是该增加办公费用了。依照原来的标准，每个人每月是3元。刚才我去看了文具账，基本的文具几乎所剩无几。"

黄总："员工增加了，办公费用增加是可以的。只是，你要拿个标准出来吧。"

财务经理："我看了相关的资料和数据，原来的标准显然不够，因为物价在涨，加上新员工的办公方法和老员工的不一样，所以会有些增加。考虑到这些因素，我把标准定在了每人每月8元。我可以把这8元的理由解释一下，3元买圆珠笔，1.5元买涂改液之类的，还有3.5元用来买计算器、其他文具。需要说明的是，这些费用是可以滚动计算的。到了年底，如有节约，可按比例发放节约奖。黄总您看这个方案可行吗？"

黄总："可以，只是年底的节约奖太少了。这样吧，到时候公司也拿出一部分资金一起当作奖金吧。"

这是一个向上沟通的案例。财务经理就办公费用向常务副总请示。财务经理先把问题提出来了，然后提出想修改规定的建议，得到副总的认可后，财务经理再把自己的想法说出来。在财务经理的话语里，充满了具体的数字。这些告诉我们：和上级沟通，用具体的数字说话，才有说服力。

2. 往下沟通

松下幸之助的管理思想中倾听和沟通占有重要的地位，他经常问下属："说说看，你对这件事怎么考虑？"他还经常到工厂里走走，一方面便于发现问题，另一方面有利于听取工人的意见和建议。韦尔奇也是沟通理论的踏实执行者，为了充分了解下情，他喜欢进行"深潜"。可见，掌握与下属沟通的技巧和艺术，对领导者有着举足轻重的意义。那么，怎么做才能使往下沟通有成果呢？有三个建议供大家参考。

（1）多了解状况。跟下属沟通时，建议多学习、多了解、多询问、多做功课，多了解状况是一件非常重要的事情。把功课做好了，再把下属叫过来面对面地谈，这样你言之有物，人家才会心甘情愿听你的话。

（2）不要只会责骂。花点学费，让下属去体会是值得的。很多上级不愿意犯任何错，也不愿让下属做任何体验，这听起来很安全，其实他是一个永远长不大的业务员。

（3）提供方法，紧盯过程。如果你管过仓库，就告诉下属存货是怎么浪费的。如果你当过财务，就告诉下属回款为什么常常有问题。

以下通过一个案例说明如何与下属沟通。

情景：财务经理办公室。

小鲁："经理，您找我？"

财务经理："是的，小鲁。来，坐这里吧。最近怎么样？来了也快一年了吧。你看，我们这是个小公司，员工还不到100人，财务人员呢，也不到5个。现在随着业务量的增加，人手显然不够。我还想再招聘几个人来。但是，新人需要一段时间的培养，你也来了快一年了，工作和能力都还不错，因此，我想调你去做材料会计。你看有什么困难吗？"

小鲁："经理，您也知道，我家里的老父亲病得很重，需要人照顾。做材料会计的话，每次供应商到货都很晚，我还要在现场等着验货。恐怕我做不了这个工作。"

财务经理："小鲁啊，我知道你家的具体困难。但是，现有财务人员没有合适的，而且据我观察，你的业务能力也还不错。你虽然才来近一年，但是进步很快，可以说是我的得力助手。再说了，把材料这一块交给别人，我还真不放心。你先在这个岗位上锻炼一段时间，等来了合适的人员，我再做调整。你看，怎么样？"

小鲁："好吧，经理既然这样说了，我就照办吧。"

这是一个和下级沟通的案例。财务经理采用了先扬后抑的办法。先把财务部的困难说给小鲁，希望引起他的共鸣。当小鲁表示有困难时，经理表示了对小鲁的信任，有意给他施加正面压力，同时答应来人后再做调整。这种沟通方式，合情合理又很人性化。

3. 水平沟通

水平沟通是指没有上下级关系的部门之间的沟通。部门的平级沟通经常缺乏真心，没有肺腑之言，没有服务及积极配合的意识。消除水平沟通的障碍，要做到图2-13所示的几点。

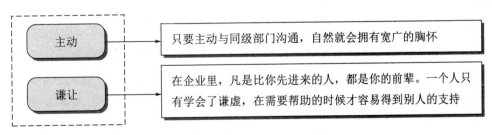

图2-13

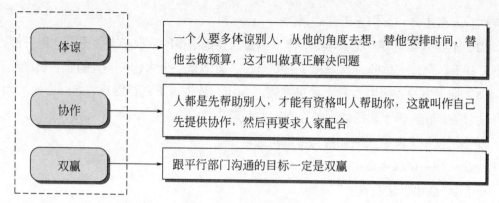

图2-13 水平沟通的要点

以下通过一个案例说明财务经理如何与其他部门的同事进行沟通。

情景：生产部经理办公室。

生产部经理："哎呀，我的大财务经理，是什么风把你给吹来了，快请坐，快请坐。"

财务经理："呵呵，别这样说。我来和你商量一件事。"

生产部经理："唉，该不会是我的员工被罚款了吧？"

财务经理："那倒不是。别逗了，言归正传吧。最近一段时间，生产成本上涨得比较厉害。报表显示，S产品单位成本上涨了2.6%，也就是说，每件达到了2.89元。我想来和你商量一下，看有没有办法解决。"

生产部经理："不会吧，这么高？我还真没注意到。"

财务经理："是啊，你也很难，既要顾及产量，又要顾及质量，还要考虑成本。我很理解你。所以，现在上级还不知道，我们先来商量一下。"

生产部经理："谢谢你了。那你看该怎样改进呢？我听你的。"

财务经理："你就不要谦虚了吧，你是制造专家。"

生产部经理："说实话，我真没注意到这个问题。每天都被产量、质量塞满了。你给出个点子吧。"

财务经理："这样相信我，那我可就直说了啊。我觉得，你可以要求你的下属，在加料时，采取隔离法。你设计一个专用塑料格子，加完第一次，把特制的塑料格子放在第一次加的料上，再加第二次，我算了一下，如果用0.5厘米厚的塑料当作格子，可少加料20克，这样，你的产品不但不会增加成本，而且还会降低成本。细账你可以自己去算。你看，这个办法可行吗？"

生产部经理："哎呀，我的大财务经理，这个办法你怎么不早说呢？我马上就开会。"

这是个平行沟通的案例。财务经理为了控制生产成本上涨，可谓动了一番脑筋。在和生产部经理沟通的时候，财务经理始终都是以建议的口吻在商量。这样的沟通，既给出了方法，又拉近了和其他部门的关系，无疑是很成功的。与平行部门的沟通，一定要这样。

问题27：如何提高沟通能力？

1. 开列沟通情境和沟通对象清单

这一步非常简单。闭上眼睛想一想，你都在哪些情境中与人沟通，比如学校、家庭、工作单位、聚会场合等。再想一想，你都需要与哪些人沟通，比如朋友、父母、同学、配偶、亲戚、领导、邻居、陌生人等。开列清单的目的是使自己清楚沟通的范围和对象，以便全面提高自己的沟通能力。

2. 评价自己的沟通状况

在这一步，可根据表2-2所列的问题，评价一下自己的沟通状况。

表2-2　评价自己的沟通状况

问题	我的状况
1. 对哪些情境的沟通感到愉快 2. 对哪些情境的沟通感觉有心理压力 3. 最愿意与谁保持沟通 4. 最不喜欢与谁沟通 5. 是否经常与多数人保持愉快的沟通 6. 是否常感到自己的意思没有说清楚 7. 是否常误解别人，事后才发觉自己错了 8. 是否与朋友保持经常性联系 9. 是否经常懒得给人打电话	

> **小提示**
>
> 客观、认真地回答上述问题，有助于了解自己在哪些情境中与哪些人的沟通状况较为理想，在哪些情境中与哪些人的沟通需要着力改善。

3. 评价自己的沟通方式

在这一步中，主要问自己三个问题，见表2-3。

表2-3　评价自己的沟通方式

问题	我的答案
第一个问题：通常情况下，自己是主动与别人沟通还是被动沟通 第二个问题：在与别人沟通时，自己的注意力是否集中 第三个问题：在表达自己的意图时，信息是否充分	

主动沟通者与被动沟通者的沟通状况往往有明显差异。研究表明，主动沟通者更容易建立并维持广泛的人际关系，更可能在人际交往中获得成功。

（1）制订并执行沟通计划。通过前几个步骤，你一定能够发现自己在哪些方面存在不足，从而确定在哪些方面重点改进。比如，沟通范围狭窄，则需要扩大沟通范围；忽略了与友人的联系，则需经常微信联系或打电话；沟通主动性不够，则需要积极主动地与人沟通等。把这些制成一个循序渐进的沟通计划，然后付诸行动，并体现在具体的生活小事中。比如，觉得自己的沟通范围狭窄、主动性不够，你可以规定自己每周与两个素不相识的人打招呼，具体如问路、说说天气等。不必害羞，没有人会取笑你的主动，相反，对方可能还会欣赏你的勇气呢。

> **小提示**
>
> 在制订和执行计划时，要注意小步子的原则，即不要对自己提出太高的要求，以免实现不了，反而挫伤自己的积极性。小要求实现并巩固之后，再对自己提出更高的要求。

（2）对计划进行监督。这一步至关重要，一旦监督不力，可能就会功亏一篑。最好是自己对自己进行监督，比如用日记、图表记录自己的进展状况，并评价与分析自己的感受。

当你完成了某一个计划，可以奖励自己一顿美餐，或是一场电影，这样有助于巩固阶段性成果。如果没有完成计划，就要采取一些惩罚措施，比如，做俯卧撑或是做一些平时不愿做的体力活。

总之，计划的执行需要信心，要坚信自己能够成功。记住：一个人能够做的，比他已经做的和相信自己能够做的要多得多。

第四周　赢得下属的认可

作为财务经理，只要能赢得下属的信任，下属就会主动地、积极地投入工作；但若双方没有建立起信任感，企业内部的一切规章以及管理者的角色与功能，都会失去作用。

问题28：如何掌握下属的情况？

1. 掌握下属的基本资料

（1）下属的履历表。财务经理应该详细掌握每一位下属的工作履历，包括年龄、籍贯、教育背景、工作经历、进企业的时间以及主要的升迁状况。如果所辖的下属很多，可以借助人力资源部门的资料档案，但对直属的下属应该熟悉上述资料。基层的管理者，则应有一份自己下属的履历表，见表2-4。

表2-4 下属履历表

序号	姓名	性别	出生年月	学历	家庭住址	进司时间	职务	任现职时间	备注

（2）下属的工作特性状况。财务经理应尽可能地掌握下属的技能状况、兴趣专长、优缺点，并作为任用、培训、升迁等的参考资料之一，如表2-5所示。

表2-5 下属工作特性状况表

序号	姓名	性别	技能A	技能B	技能C	技能D	兴趣专长	优点	缺点	备注

（3）下属的教育培训。了解下属的需求，根据其个人发展规划制订培训计划。

2. 掌握下属的异常征兆

财务经理针对有反常表现的下属，应了解原因，适时给予关心与调整，协助其"恢复正常"。常见的异常征兆有以下几种：

（1）说话的语气很"冲"。

（2）变得没有朝气。

（3）不喜欢说话。

（4）经常请假，或不配合加班。

（5）一举一动与平日不同。

（6）对交代的任务爱理不理。

（7）工作草率、马虎，不负责任。

（8）不跟领导或其他同事打招呼。

（9）仪容仪表与往常相比反差很大。

（10）精神恍惚，做事丢三落四。

（11）动作变得迟钝。

（12）走路垂头丧气、无精打采。

（13）身体状况变得不佳。

3. 赢得下属的尊重

作为财务经理，如何赢得下属的尊重，是一个要重点关注的问题，需做到以下几点：

（1）以身作则。

（2）仪容整洁，举止端正，言行一致。

（3）严守纪律。

（4）表现真诚。

（5）谨慎处理与下属的友谊。

（6）对错误负责。

（7）有耐性，冷静。

（8）前后一致。

（9）要求下属有好的言行。

（10）期望下属做好工作。

（11）赞许下属好的工作表现。

（12）公开称赞，私下批评。

（13）不要为下属"制造"过多的工作。

（14）现场主义，了解实情。

（15）公正，不偏不倚。

4. 赢得下属的信任

财务经理可从以下几个方面来赢得下属的信任：

（1）要自信。

（2）多与下属沟通。

（3）鼓励并聆听下属的建议。

（4）让下属知所当知。

（5）坚持诚实。

（6）信守承诺。

（7）不要批评上级。

（8）尊重下属的隐私。

> **小提示**
>
> 　　下属所期待的理想上级应该以身作则、言出必行、具有目标意识、传达明确、关心下属、能克制情绪、公私分明、勇于担当、能起沟通的作用。

问题29：如何激励下属？

1. 进行自我激励

要激励他人，首先要激励自己。财务经理每天要面对许多困难和挑战，如果不能自我激励，往往会知难而退，当然也就不能成长。

2. 了解员工

要激励员工，就要了解他们的需求，了解他们到底想要什么。财务经理应进行了解分析，并依此确定激励方式。表2-6是某企业部分员工的期望调查结果。

表2-6　员工期望调查结果

希望得到满意的事项	期望比例（%）	现状满意平均分
1. 工作被肯定与认可	89.2	3.25
2. 高薪资	80.7	2.54
3. 良好的工作环境	77.2	3.24
4. 对工作内容有兴趣	76.9	3.44
5. 归属感与参与感	70.1	3.07
6. 受训、成长的机会	70.0	2.80
7. 和谐的办公气氛	66.3	3.42
8. 良好的福利制度	61.2	2.86
9. 升迁	60.0	2.47
10. 可信与可敬的主管	53.1	3.02
11. 工作有保障	51.1	3.03
12. 主管设身处地了解员工的私人困难	28.1	2.69

3. 激励下属工作的方法

身为财务经理，如果要创造一个士气高昂的团队，就必须做到以下几点：

（1）给下属创造良好的工作环境。

（2）解释企业的使命，让下属充分了解。

（3）给下属树立努力的目标。

（4）让每个人都成为独立的个体。

（5）展现团队独特的个性与魅力。

（6）让全员一起分享成果。

（7）确保团队内积极的气氛。

（8）让自己成为一位激励型的领导者。

问题30：责备下属有什么技巧？

责备是一种期待，而不是管理者滥用权力的工具。责备是希望下属能够认识到问题所在，清楚自己的责任，并在日后的工作中进行改善。

财务经理应尽量避免责备下属，只有那些由于下属的疏忽而没有做好的事情，才可以批评，并且只对事不对人，还应注意以下要点：

（1）在一对一的情况下责备。

（2）注意责备的方法和时间。

（3）选择适当的场所。

（4）明白地说出责备的理由。

（5）指出具体事实。

（6）不可感情用事，失去理智。

（7）责备的语气要因人而异。

（8）不要伤害下属的自尊、自信和人格。

（9）责备下属时，也应考虑到其优点。

（10）责备的态度要诚恳。

（11）抱着教育、教导下属的心态。

（12）对待下属应公正、公平。

（13）理性、感性地纠正及期望。

（14）允许下属有解释的机会。

（15）不可公报私怨。

（16）不要拿对方当出气筒，转嫁怨气。

（17）要弄清事情真相，不可只听片面之词。

第三个月

财务预算与稽核

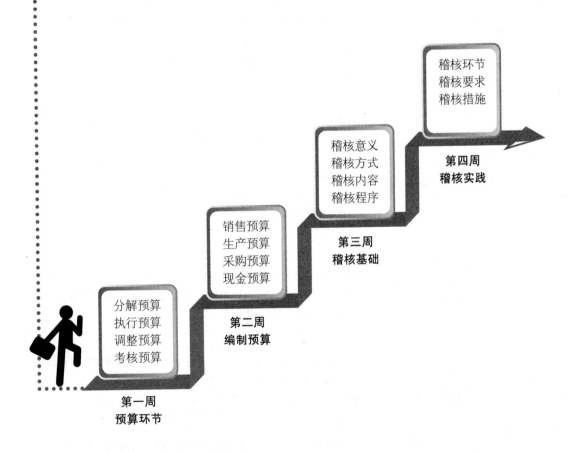

稽核环节
稽核要求
稽核措施

第四周
稽核实践

稽核意义
稽核方式
稽核内容
稽核程序

第三周
稽核基础

销售预算
生产预算
采购预算
现金预算

第二周
编制预算

分解预算
执行预算
调整预算
考核预算

第一周
预算环节

第一周 预算管理的环节

预算管理是指企业在战略目标的指导下，对未来的经营活动和财务结果进行充分、全面的预测和筹划，并通过对执行过程的监控，将实际完成情况与预算目标不断对照和分析，从而及时指导经营活动的改善和调整，以帮助企业高层管理者更加有效地管理企业和最大限度地实现战略目标。

问题31：如何编制预算？

预算包括营业预算、资本预算、财务预算、筹资预算等，各项预算的有机组合构成了企业总预算，也就是通常所说的全面预算。预算编制流程如图3-1所示。

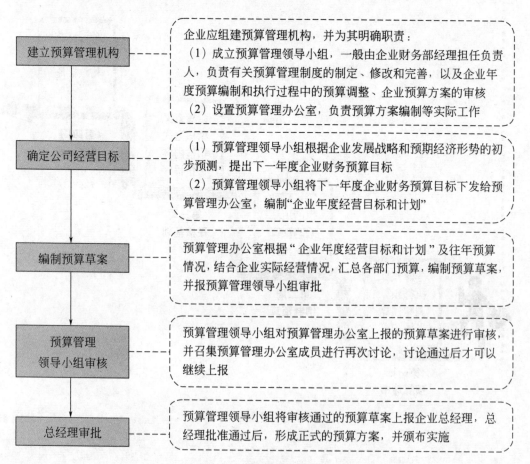

建立预算管理机构	企业应组建预算管理机构，并为其明确职责： （1）成立预算管理领导小组，一般由企业财务部经理担任负责人，负责有关预算管理制度的制定、修改和完善，以及企业年度预算编制和执行过程中的预算调整、企业预算方案的审核 （2）设置预算管理办公室，负责预算方案编制等实际工作
确定公司经营目标	（1）预算管理领导小组根据企业发展战略和预期经济形势的初步预测，提出下一年度企业财务预算目标 （2）预算管理领导小组将下一年度企业财务预算目标下发给预算管理办公室，编制"企业年度经营目标和计划"
编制预算草案	预算管理办公室根据"企业年度经营目标和计划"及往年预算情况，结合企业实际经营情况，汇总各部门预算，编制预算草案，并报预算管理领导小组审批
预算管理领导小组审核	预算管理领导小组对预算管理办公室上报的预算草案进行审核，并召集预算管理办公室成员进行再次讨论，讨论通过后才可以继续上报
总经理审批	预算管理领导小组将审核通过的预算草案上报企业总经理，总经理批准通过后，形成正式的预算方案，并颁布实施

图 3-1 预算编制流程

问题32：如何分解预算？

预算分解是预算指标的细化和落实过程，目的是保证全面预算管理目标的实现。全面预算的分解是一个循序渐进的过程，各企业应根据本企业的基础管理水平，尽可能地将各项预算指标细化，并制定相应的保证措施。全面预算的分解流程如图3-2所示。

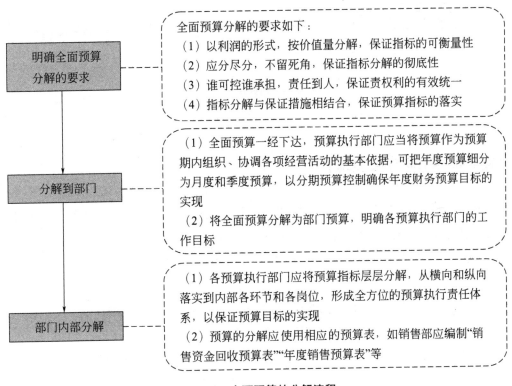

图3-2　全面预算的分解流程

问题33：如何执行预算？

企业编制预算之后，各部门要按照预算的要求予以执行。企业要对各部门的预算执行情况进行监督，以确保预算得到顺利执行。预算执行流程如图3-3所示。

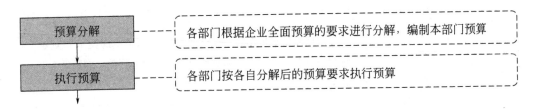

图3-3

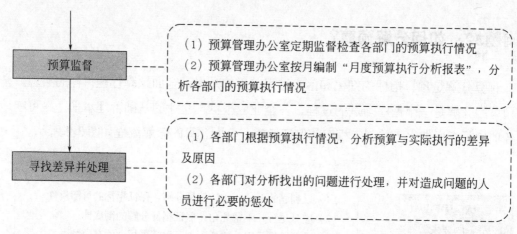

图 3-3　预算执行流程

问题34：如何调整预算？

当市场环境、经营条件、政策法规等发生重大变化，且这种变化在编制预算时不可预见，以致预算的编制基础不成立，或者将导致预算执行结果产生重大偏差时，企业应对预算进行必要的调整。预算调整流程如图 3-4 所示。

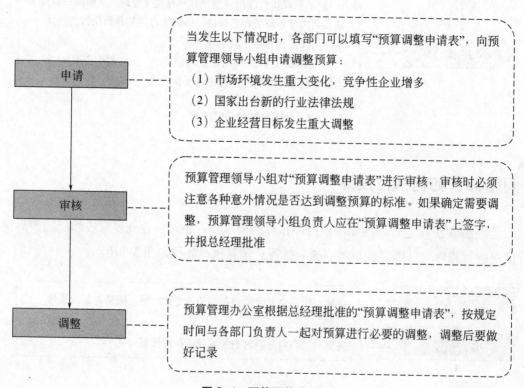

图 3-4　预算调整流程

问题35：如何考核预算？

为充分调动各部门和全体员工的积极性和创造性，更好地推动管理水平的逐步提高，使预算管理得到有效执行，确保企业目标得以实现，企业应积极开展预算考核工作。预算考核流程如图 3-5 所示。

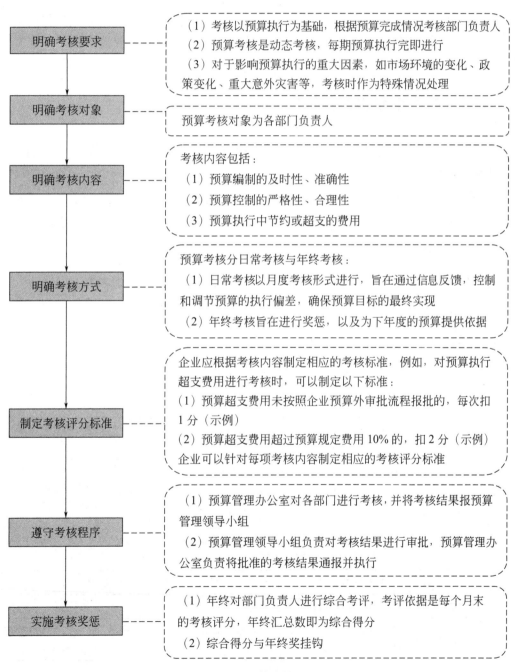

图 3-5　预算考核流程

第二周　编制各业务预算

根据企业经营目标，科学地规划、预计及测算未来经营成果、现金流量增减变动和财务状况，并以财务会计报告的形式将有关数据系统地加以反映，称为财务预算编制。财务预算主要包括销售预算、生产预算、采购预算、成本预算以及现金预算。

问题36：如何编制销售预算？

销售预算一般是企业生产经营全面预算的编制起点，生产、材料采购、仓储费用等预算都要以销售预算为基础。

销售预算以销售预测为基础，以各种产品历史销售量为主要依据，结合产品发展前景等信息，按产品、地区、客户和其他项目分别编制，然后汇总成为销售预算。

1.编制人员

编制销售预算时，一般由销售部门主导，财务部、生产部、研发部等部门辅助。

2.注意事项

编制销售预算时要注意表3-1所示的几点。

表3-1　编制销售预算的注意事项

序号	注意事项	内容
1	销售政策	编制销售预算时，企业应先评估自己的销售政策是否合理，如发现有不合理之处，就要做出相应调整
2	信用政策	企业的信用政策一般有两项内容：一是信用期限，例如，上一年度企业给客户的信用期限是30天，那么，未来年度就要考虑是缩短信用期限还是延长，缩短或延长的理由是什么；二是信用额度，例如，企业上一年度给某客户的额度是30万元，那么，未来年度是给30万元还是给40万元，这取决于对方的信用。这两个环节会影响企业应收账款的回收管控，所以在编制销售预算前要特别注意
3	定价机制	关注竞争对手的产品价格变化，即企业所属行业的产品价格变化
4	客户政策	明确企业应该优化哪些客户、保留哪些客户
5	渠道政策	在编制销售预算前，企业应明确渠道拓展的重点。例如，企业现在所处的市场为一级市场，那么，是否需要拓展二级、三级市场，拓展会带来什么好处等

续表

序号	注意事项	内容
6	广告促销政策	广告促销可以影响销售额度和销售费用，企业应关注广告促销的策略，例如，上一年度在哪些方面投入了广告，广告效果如何等
7	销售人员与业绩提成策略	销售人员是否需要优化、薪酬如何改变、激励政策是否需要修正等，这些策略的改变会影响产品的销量和销售成本

3.销售预算的具体内容

销售预算的内容包括销量预算、销售价格预算、销售收入预算、回款预算、销售费用预算、成品期末库存预算等。

4.销售收入预算的编制

编制销售收入预算时，应根据预计销售量和预计销售单价计算出预计的销售收入，具体计算公式如下：

$$预计销售收入 = 预计销售量 \times 预计销售单价$$

销售预算一方面为其他预算提供基础，另一方面，它本身就具有约束和控制企业销售活动的功能。

（1）销售收入预算的编制步骤

销售收入预算的编制步骤如图3-6所示。

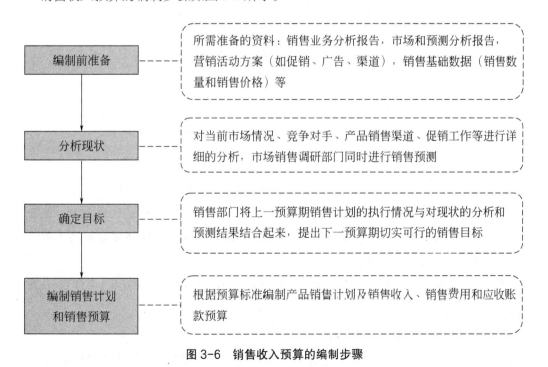

图3-6　销售收入预算的编制步骤

（2）预算表格

编制销售收入预算时，可能用到的表格有销售收入预算表（按年份、季度和品种、客户、地区编制）、应收账款预算表（现金收支预算的依据）、销售收入预算及应收账款预算汇总表等。

（3）销售数量的预测方法

①根据目标利润指标确定销售数量

根据目标利润指标，已知单位变动成本、固定成本和销售单价，即可确定销售数量，具体计算公式如下：

$$预算年度销售数量 = \frac{目标利润 + 固定成本}{销售单价 - 单位变动成本}$$

某公司投资额为6 000万元，预算年度的投资收益率要求达到10%。已知公司产品的销售变动成本率为60%，固定成本为1 500万元，销售单价为5万元，试计算销售数量。

解析：公司的目标利润 = 6 000×10% = 600（万元）

$$
\begin{aligned}
销售数量 &= \frac{目标利润 + 固定成本}{销售单价 - 单位变动成本} \\
&= \frac{600 + 1\,500}{5 - (5 \times 60\%)} \\
&= 2\,100 \div 2 \\
&= 1\,050（件） \\
销售收入 &= 1\,050 \times 5 = 5\,250（万元）
\end{aligned}
$$

②根据趋势分析确定销售数量

根据趋势比率中的销售增长率和市场占有率确定销售数量，公式如下：

$$预算年度销售数量 = 本年实际销售数量 \times （1 + 销售增长率）$$

或

$$预算年度销售数量 = 预算年度市场需求量 \times （1 + 市场占有率）$$

某公司去年实际销售额为8 000万元，本年增长率为15%的可能性为40%，增长率为5%的可能性为30%，不增长的可能性为20%，增长率为−10%的可能性为10%，试计算本年预计销售数量为多少。

解析：销售数量 = [（15%×40%+5%×30%+0×20%−10%×10%）+1]×8 000 = 8 520（件）

③使用定性分析法确定销售数量

a. 主管集体判断法：企业所有主管根据他们的经验和知识，以集体意见代替预测。

b.推销员判断法：又称意见汇集法，是由企业熟悉市场情况和相关信息的管理人员对推销人员调查得来的结果进行综合分析，从而做出预测的方法。

c.专家意见法：专家根据他们的经验和知识对特定产品的未来销售数量进行判断与预测的方法。

d.产品寿命周期分析法：根据产品销售量在不同寿命周期阶段的变化趋势进行销售预测的方法。一般来说，萌芽期的产品销量增长率不稳定，成长期的增长率最高，成熟期的增长率稳定，衰退期的增长率为负数。

综上，销售数量的预测可以从多个方面入手，企业可以先利用趋势分析法预测销售数量，然后同主管或销售人员的判断进行比较，如有较大差异，再进行定性分析。

下面提供一份某公司销售收入预算编制的范本，仅供参考。

【范本】▸▸▸ ···

销售收入预算编制

某公司去年实际销售额(含税)为 500 万元,销售数量为 7 000 件,销售单价为 500 元;本年增长率为 15% 的可能性为 40%,增长率为 5% 的可能性为 30%,不增长的可能性为 20%,增长率为 −10% 的可能性为 10%,试计算本年预计销售数量为多少。

解析：年度预计销售收入 ＝（15%×40%+5%×30%+0×20%−10%×10%）×500+500

　　　　　　　　　　　＝ 6.5%×500+500

　　　　　　　　　　　＝ 532.5（万元）

销售数量 ＝ 5 325 000÷500 ＝ 10 650（件）

假设今年第一季度销售 2 500 件,第二季度销售 2 750 件,第三季度销售 2 850 件,第四季度销售 2 550 件,销售当季度收现 60%,下一季度收完,试编制销售收入预算。

解析：第一季度收现 ＝ 2 500×500×60% ＝ 750 000（元）

期末应收账款 ＝ 1 250 000−750 000 ＝ 500 000（元）

第二季度收现 ＝ 2 750×500×60%+500 000 ＝ 1 325 000（元）

期末应收账款 ＝ 1 375 000−825 000 ＝ 550 000（元）

第三季度收现 ＝ 2 850×500×60%+550 000 ＝ 1 405 000（元）

期末应收账款 ＝ 1 425 000−855 000 ＝ 570 000（元）

第四季度收现 ＝ 2 550×500×60%+570 000 ＝ 1 335 000（元）

期末应收账款 ＝ 1 275 000−765 000 ＝ 510 000（元）

应收账款周转次数＝销售收入 ÷ 企业平均应收账款

　　　　　　　　　　＝ 5 325 000÷510 000

　　　　　　　　　　＝ 10.44（次）

据此编制销售收入及应收账款预算汇总表，如下表所示。

销售收入及应收账款预算汇总表

项目	第一季度	第二季度	第三季度	第四季度	全年
销售数量（件）	2 500	2 750	2 850	2 550	10 650
销售单价（元）	500	500	500	500	500
销售收入（元）	1 250 000	1 375 000	1 425 000	1 275 000	5 325 000
本期销售收现（元）	750 000	825 000	855 000	765 000	3 195 000
期初应收账款（元）	0	500 000	550 000	570 000	0
本期收回的应收账款（元）	0	500 000	550 000	570 000	1 620 000
本期收现合计（元）	750 000	1 325 000	1 405 000	1 335 000	4 815 000
期末应收账款（元）	500 000	550 000	570 000	510 000	510 000

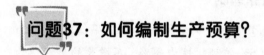

问题37：如何编制生产预算？

1. 编制人员

生产部是生产预算的编制主体，销售部、采购部、工程技术部、仓储部、人力资源部、财务部等部门参与编制。

2. 注意问题

在生产预算编制过程中应注意表3-2所示的事项。

表3-2　编制生产预算的注意事项

序号	注意事项	内容
1	企业现有的产能水平	如果企业现有1 500万吨产能，那么通过内部改造，产能水平能否提升
2	员工政策	例如，员工的薪资水平会对工作效率产生怎样的影响
3	生产现场工艺水平	生产现场的工艺水平是否需要改善
4	库存政策	（1）库存是为大客户准备的，而不是为所有客户准备的。因为大客户需求量大，能够解决企业60%的销量问题 （2）库存是为畅销品准备的，而不是为销量小的产品准备的。很多企业认为经常生产销量小的产品会浪费生产成本，因此，在库房中存放很多，实际上这种做法反而会导致成本不断上升 （3）库存是为下期销售准备的，因此，预算当期库存要以下期销售为依据进行合理的政策假设

3. 生产预算的具体内容

生产预算的特点是，没有金额指标，只有数量指标，所以，是企业整个预算过程中比较特殊的部分，需要重点关注。

（1）产量预算

企业的生产预算通过四个季度来反映，各季度的销量可以从销售预算表中得知，第一季度的期初库存已知，由这两个数字可以计算各季度的期末库存和生产量，并由此计算全年的产量。

（2）产值预算

产值等于产量乘以对应的销售价格。

问题38：如何编制采购预算？

1. 编制人员

采购预算的编制由采购部门主导，生产部、财务部、工程技术部等部门参与。

2. 注意事项

编制采购预算时应注意的事项，具体如表3-3所示。

表3-3　编制采购预算的注意事项

序号	注意事项	内容
1	物料清单的准确性和完整性	编制采购预算之前，企业要知道预计生产量的直接材料需用量。每种产品都应有一个物料清单，企业可以根据物料清单计算直接材料需用量。随着加工熟练程度的提高，材料的损耗会越来越低，因此，企业应随时关注物料清单的准确性与完整性，并做定期修正
2	生产耗费问题	例如，头尾料变成了废料，企业要把这部分计算在内
3	期末库存	产成品有期末库存，原材料也会有期末库存
4	供应商政策	供应商不同，原材料价格会不同，付款周期也会不同，因此，企业应考虑优化哪些供应商、增加哪些供应商
5	采购价格	采购价格决定采购金额，从而影响资金流出的金额。因此，企业应考虑采购价格的合理性，如果不合理，则需要考虑降低多少
6	付款政策	付款周期影响企业的现金流量，如果大多数企业的负债都是信用负债，即应付账款，那么期限越长，则现金周转的时间就越长
7	期末材料的库存	期末库存可以按照生产预算的原理编制

3. 采购预算的具体内容

（1）材料采购预算

企业编制材料采购预算时，可以先利用物料清单算出材料需用量，而第一季度的库存是已知的，由此可以计算得出期末库存。材料的采购单价已知，可以计算出采购金额。采购金额和进项税相加可得出采购总金额。计算出第一季度的采购量和采购总金额之后，就可以推导出其他季度的数值及全年的数值。

（2）备品备件采购预算

备品备件采购预算由采购部门根据审核后的备品备件需求计划并结合库存状况编制。

（3）采购费用预算

采购费用预算根据业务需要采取零基预算方式进行编制。

（4）应付账款预算

企业向供应商采购商品，就要做应付账款预算。通常而言，企业可以根据历史数据约定采购支付率（采购支付率＝付款总额 ÷ 采购金额），确定采购金额之后，即可计算出付款总额。此外，还应支付上期的应付账款余额，上期应付账款余额加上期初的应付账款就是本期支付的总额。

问题39：如何编制生产成本预算？

1. 编制人员

直接材料预算的编制一般由生产部主导，采购部、工程技术部、财务部参与。直接人工预算的编制由生产部主导，人力资源部和财务部参与。制造费用预算的编制由生产部主导，财务部参与。

2. 生产成本的组成

一般来讲，产品的成本由料、工、费三部分组成。料，指原材料；工，指员工工资；费，指制造费用。在编制生产成本预算时，这三项内容各不相同，具体如表3-4所示。

表3-4 生产成本的组成

序号	组成部分	说明
1	工（直接人工）	员工工资的计算比较容易。如果企业采用计件法，用员工生产产品的数量乘以每件产品的生产成本即可；如果企业采用计时法，就应先确定产品的标准工时和员工在标准工时内的工作率
2	费（制造费用）	制造费用中有些费用比较容易计算，如厂房的折旧、机器的折旧等，但是机物料的消耗、水电费的计算较难。老企业可以在定额的基础上测算出来，刚刚成立的企业不能采用增量预算，而要采用零基预算

续表

序号	组成部分	说明
3	料（直接材料）	原材料成本的计算较难，因为，实际计算的成本有可能与预算成本存在一定的误差。计算原材料成本时一般都用倒挤法，即用最后一次入库材料的价格乘以期末材料的库存得出期末材料的库存成本，期初、本期入库、本期期末库存都有了，本期的耗用也就可以计算了。倒挤法最大的问题是会把不正常的成本计算在内

料、工、费的预算做好了，企业的成本预算也就可以编制了。

3. 生产成本预算的具体内容

（1）直接材料预算

直接材料预算以生产预算为基础编制，显示预算期内直接材料数量和金额。直接材料预算要根据生产需要量与预计采购量以及预计原材料库存进行编制，而预计采购量和预计原材料库存的情况要根据企业的生产组织特点、材料采购的方法和渠道进行统一的计划，目的是保证生产均衡、有序地进行，避免直接材料库存不足或过多，影响资金运用效率和生产效率。材料预计数量的计算公式如下：

$$\frac{材料预}{计数量} = \frac{预计}{生产量} \times \frac{单位产品的}{材料需用量} + \frac{预计期末}{库存} - \frac{预计期初}{库存}$$

（2）直接人工预算

直接人工预算以生产预算为基础进行编制，其基本计算公式如下：

$$预计所需直接人工总工时 = 预计产量 \times 单位产品直接人工工时$$

（3）制造费用预算

制造费用是指除直接材料和直接人工费用之外的，为生产产品而发生的间接费用。

制造费用各项目不存在易于辨认的投入产出关系，其预算需要根据生产水平、管理者的意愿、企业长期生产能力、企业制度和国家的税收政策等外部因素进行编制。

考虑到制造费用的复杂性，为简化预算的编制，通常将制造费用分为变动性制造费用（通常包括动力、维修、间接材料、人工等费用，计算变动性制造费用的关键在于确认哪些是可变项目）和固定性制造费用（通常包括厂房和机器设备的折旧、租金、财产税和一些车间的管理费用，它们支撑着企业总体的生产经营能力，一旦形成，短期内就不会改变）两大类，并采用不同的预算编制方法。

预计制造费用的计算公式如下：

$$预计制造费用 = 预计变动性制造费用 + 预计固定性制造费用$$
$$= 预计业务量 \times 预计变动性制造费用分配率 + 预计固定性制造费用$$

问题40：如何编制运营成本预算？

运营成本预算包括销售费用预算、财务费用预算和管理费用预算。销售费用预算由销售部编制，财务费用预算由财务部编制，管理费用预算由销售部和生产部以外的其他部门编制。

在编制运营成本预算时，企业应注意确认哪些费用是现金费用，哪些是非现金费用。

1. 销售费用预算

销售费用预算由销售部门根据目标利润增加或减少的比例来确定。

（1）企业内部各部门根据企业的生产经营目标，详细讨论计划期内应该发生的费用项目，并对每一费用项目编写一套方案，明确费用开支的目的。

（2）销售费用预算分为变动销售费用预算和固定销售费用预算两部分。

①变动销售费用一般包括销售佣金、运输费用、包装费用等，计算公式如下：

$$变动销售费用 = 销售收入 \times 预算比例$$

②固定销售费用包括约束性费用、标准化费用、选择性费用和项目费用，具体如图3-7所示。

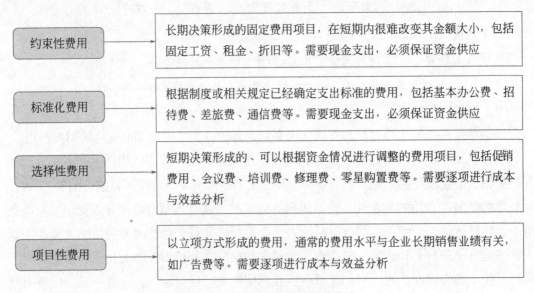

图3-7 固定销售费用的具体内容

（3）销售费用预算的编制方法。约束性费用采用增量预算法，标准化费用采用标准法，选择性费用采用零基预算或增量预算法，项目费用则根据项目明细和项目可行性分析编制。

（4）需要重点控制的销售费用如图3-8所示。

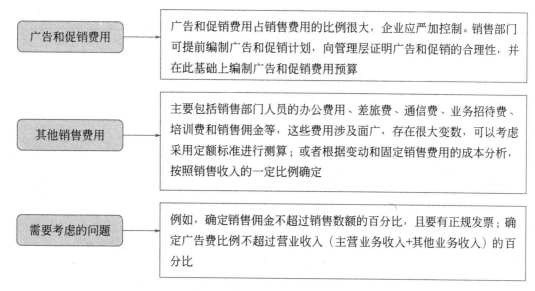

图 3-8　需要重点控制的销售费用

（5）编制销售费用预算表。

下面提供一份销售费用预算表的范本，仅供参考。

【范本】▶▶▶ --

销售费用预算表

金额单位：万元

项目	预算方法 / 标准	备注
变动费用		
销售佣金	弹性预算 / 销售合同价 ×＿＿＿%	小于等于＿＿＿%
包装费用	弹性预算 / 销售收入 ×＿＿＿%	
运杂费用	弹性预算 / 销售收入 ×＿＿＿%	
固定费用		
约束性费用		
部门人员工资及福利费	零基预算	人力资源部确定人员及工资标准
租金	零基预算	合同
固定资产折旧	零基预算	根据资产情况和折旧标准确定
标准化费用		
招待费	零基预算：销售收入 ×＿＿＿%	按标准，总量控制

续表

差旅费	增量预算：基期×（1+____%）	按标准，总量控制
通信费	增量预算：基期×（1+____%）	按标准，总量控制
基本办公费（含维修费用）	增量预算：基期×（1+____%）	固定资产折旧
选择性费用		
培训费用	零基预算	根据成本与效益分析，确定数额
会议费用	零基预算	根据成本与效益分析，确定数额
促销费用	零基预算	根据成本与效益分析，确定数额
项目性费用		
广告费	零基预算	可行性报告
合　计	等于或小于目标销售费用	

2. 财务费用预算

财务费用预算是对企业在预算期内筹集生产经营所需资金等发生的费用进行的预计。下面提供一份某企业财务费用预算表的范本，仅供参考。

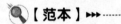【范本】▶▶▶---

财务费用预算表

编制单位：　　　　　预算期间：　　　年1月1日至　　　年12月31日　　　金额单位：万元

序号	预算项目	预算科目	1月	2月	3月	……	12月	合计
1	存款利息收入	利息净支出						
2	外购银行承兑汇票利息收入	银行承兑汇票贴现净支出						
3	银行承兑汇票贴现支出	银行承兑汇票贴现净支出						
4	贷款利息支出	利息净支出						
5	拆借利息支出	利息净支出						
6	结算手续费	银行手续费						
7	担保费	担保费						
8	其他	其他						
合计								

单位负责人：　　　　　　　预算编制人：　　　　　　　预算编制时间：

3. 管理费用预算

管理费用可视为固定费用，其预算的编制应当采用零基预算法，即先由各职能部门编制相关业务计划，然后根据费用列支标准测算编制各部门的预算，最后汇总编制企业的管理费用预算。

（1）编制管理费用预算应注意的问题

①管理费用预算数额：根据目标利润增加或减少的比例来确定管理费用预算数额。

②一般情况下，管理费用中相对固定的费用均要有一定的降幅。如果固定费用部分增加，就需要管理者详细解释增加的原因。

③管理费用可以分为人员经费、业务支出和日常支出。管理费用占营业收入的比例越低，表明企业费用的控制能力越强，行政管理的效率越高。

④重点管理费用项目的控制标准如表3-5所示。

表3-5　重点管理费用项目的控制标准

序号	费用项目	控制标准	
1	招待费	按实际发生额的__%且不高于销售收入的__‰报销，超出部分不允许税前扣除。各业务部门的招待费应控制在各部门完成业务收入的__‰之内，由部门经理视情况而定；行政职能部门的招待费按照企业分配的指标使用，由财务经理视情况而定；分公司的招待费应控制在完成业务收入的__‰之内，由分公司经理视情况而定	
2	差旅费	住宿	副经理及以上级别人员的住宿标准为____元／天；业务主管为____元／天；业务员为____元／天；确因需要，住宿标准超过____元／天的，报财务总监批准后方可报销
		出差补助	按每天____元补助，时间为出差起止日期
		市内交通费用	标准为每天____元，按票据报销
		其他杂费	标准为每天____元，按票据报销
		车船票	按出差往返地点、里程，凭票据核准报销
3	会务费	需要地点、时间、人员、标准和会议内容等资料；没有标准，据实税前扣除	
4	研发费用	销售收入在_____万元以下，研发费用比例定为____%；销售收入为____万元～____亿元，研发费用比例定为____%；销售收入为____亿元以上，研发费用比例定为____%	
5	销售费用总预算	根据目标利润增加或减少的比例确定	

（2）管理费用预算的编制步骤

管理费用预算采用零基预算法编制，具体编制要求如图3-9所示。

企业内部各部门根据企业的生产经营目标，详细讨论计划期内应该发生的管理费用项目，并对每个费用项目编写一套方案，提出费用开支的目的和需要开支的费用数额

管理费用分为约束性管理费用项目和酌量性管理费用项目。在编制预算时，约束性费用项目必须保证资金供应，酌量性费用项目则需要逐项进行成本与效益分析。约束性管理费用包括管理人员工资、社会保险费、基本办公费、资产折旧、房屋租金、财产保险费、应缴税费等；酌量性管理费用包括差旅费、培训费、招待费、研发费等

划分不可延缓费用项目和可延缓费用项目。在编制预算时，应将预算期内可供支配的资金数额在各费用之间进行分配，应优先安排不可延缓费用项目的支出，然后再根据需要，按费用项目的轻重缓急确定可延缓项目的开支

图 3-9　管理费用预算的编制步骤

问题41：如何编制现金预算？

现金预算是反映企业预算期内现金流转情况的预算，也是全部经营活动中现金收支情况的汇总反映。

企业编制现金预算的目的有两个：一是确认预算期的现金期末水平；二是发现异常，提前解决问题。现金预算包括现金收入、现金支出和现金余缺三项内容，如表3-6所示。

表 3-6　现金预算的内容

序号	内容	具体说明
1	现金收入	包括预算期初现金余额和预算期内发生的现金收入，如销售收入、应收账款收回、票据贴现等
2	现金支出	包括预算期内发生的各项现金支出，如支付材料采购款、支付工资、支付制造费用、支付销售及管理费用、缴纳税金、支付股利、资本性支出等
3	现金余缺	是指预算期内每一期可动用现金数与现金支出数的差额。企业可根据现金余缺情况，采用适当的融资方式来调节现金余缺

第三周　财务稽核基础

财务稽核工作是防范经营风险、规范理财行为、加强内部控制、确保经济安全的重要手段之一。

问题42：财务稽核有什么意义？

财务稽核是财务部门自身对财务管理工作进行的核查活动。这项职能设置的依据是《会计法》中"各单位应当建立、健全本单位内部会计监督制度"的规定，其目的是规范财务管理，并保证会计信息真实、完整、可信。财务稽核的组织者是财务部门，其与企业内部审计、风险控制工作的分工各有侧重，也存在一定的关联性。

财务内部稽核是由指定的会计人员依照有关的法规、制度、规定对企业的内部经济业务、财务管理、会计核算所进行的专业审核、复查和监督，它也是企业内部控制制度的重要方面。财务稽核作为会计审核工作的继续和深入，是对企业经济业务内容的再审核，是渗透于企业财务部门实行内部监督的重要手段。财务内部稽核的实施，可以减少企业核算工作的纰漏，提高企业制度的执行力度，并能及时发现潜在的风险，因此，对企业的可持续发展具有重要的现实意义。

相关链接

财务稽核与内部审计的区别

财务稽核与内部审计的区别如下表所示。

财务稽核与内部审计的区别

比较项目	财务稽核	内部审计
组织形式	会计机构内部设置的稽核岗位，由会计人员组成	属于与企业财务部门平行的监督部门
实施时间	一般在会计凭证入账前或凭证、账簿、报表等会计资料生成过程中进行，与会计核算工作的全过程同步，属事前或事中控制	审计工作在现实中主要是事后进行的，属事后控制

续表

比较项目	财务稽核	内部审计
监督对象	对象是凭证、账簿、报表及其他会计资料	对象除会计资料外，还包括经济活动中与审计目的有关的所有资料
方法	对会计资料进行详细的逐一审核	在评价被审单位内部控制制度的基础上对会计资料进行抽样审查，核实主要会计数据
目的	促进各单位的会计基础工作，提高会计信息的质量	主要是对被审计单位的经济活动进行评价和鉴证

问题43：财务稽核有哪几种方式？

财务稽核有以下几种方式：

1. 日常稽核与专项稽核

（1）日常稽核

日常稽核是对本单位财务部门内部开展的且与日常财务会计工作同步的核查。

（2）专项稽核

专项稽核是对本部门或所属部门重要财务事项或涉及财务的重大事项所进行的事前预防性核查或事后监督性核查。

2. 在线稽核与现场稽核

（1）在线稽核

在线稽核是通过财务信息服务平台，对本单位财务部门的日常业务或所属单位的财务事项进行的网络在线核查。全面推行财务在线稽核，可以提高稽核工作效率，强化财务监督。在线稽核可以对会计核算、资金收支、经费管理、预算执行等重点业务进行动态核查，实时发现和排除财务管理、会计核算中存在的问题。

（2）现场稽核

现场稽核一般应用于专项稽核，或与在线稽核相结合应用于专项稽核。主要以现场听取被稽核单位情况介绍，审阅、检查、核对、分析相关财务资料等方式做出稽核结论。

现场稽核的实施程序如图3-10所示。

第一步 听取被稽核单位财务负责人介绍有关情况

第二步 调阅有关资料，查阅有关凭证、账表、合同等

第三步 对有关资料进行整理核对、比较分析，并依据有关政策、法规对稽核出现的问题予以定性，草拟稽核报告

第四步 与被稽核单位交换意见

第五步 稽核人员根据双方达成一致的意见，修改稽核报告。如果双方对某些问题的意见不一致，可在稽核报告中予以反映，稽核报告应向企业主管领导报告

第六步 根据企业领导对稽核报告的批示，提出改进意见与建议，并以"财务稽核意见书"的形式送达被稽核单位，同时抄送有关部门

图 3-10 现场稽核的实施程序

问题44：财务稽核包含哪些内容？

财务稽核的工作内容非常广泛，常见的如表 3-7 所示。

表 3-7 财务稽核日常工作内容

序号	工作内容	具体说明
1	资金管理	银行账户设置合规；现金及现金等价物收付合规并且账实相符；银行存款余额真实且未达账项合理；拆借、担保不违规
2	往来结算	往来挂账真实、可靠；账龄规模和期限结构合理；坏账准备计提、转回依据客观、准确
3	资本性投资	投资计划完整、真实，严格执行分级授权审批制度；在建工程竣工、达到可使用状态、决算等环节及时入账且手续完备
4	固定资产	固定资产账实相符；折旧、减值计提正确、合理；盘盈亏、资产处置符合国家和企业规定
5	成本费用核算	成本费用核算对象设置合理；成本费用归集、分配、结转的流程及规则正确，并保持一贯性原则；成本费用科目核算的内容真实、完整、准确
6	收入和价格	销售结算价格符合特定时段规定，并与审批授权匹配；收入结算手续完备；收入确认及时、准确

此外，有些企业的财务稽核还非常关注预算、税务等职能。由此可见，财务稽核不仅仅包括报表、账簿、记账凭证等账载信息，还包括支持账务处理、预算编制和执行、涉税业务处理的原始单证和活动记录信息。

问题45：财务稽核的程序是什么？

财务稽核的程序如图 3-11 所示。

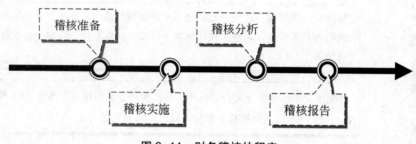

图 3-11　财务稽核的程序

1. 稽核准备

稽核准备工作包括以下几个方面：

（1）根据财务工作的整体部署，制订年度稽核工作计划。具体稽核时，要制定稽核工作方案。

（2）确定不同阶段的稽核工作重点和稽核对象。

（3）针对拟稽核项目制定稽核程序，即明确具体项目的稽核目的、稽核内容、稽核顺序与抽查范围及程度。

（4）向被稽核单位下达稽核通知书。

2. 稽核实施

稽核实施主要是指采用调查、检查等手段查明被稽核事项的真相，以明确症结之所在。根据工作内容，一般分为制度稽核与作业稽核两类。

（1）查阅被稽核单位的财务报告、会计凭证、会计账簿及其他有关资料，并要求被稽核单位做出说明。

（2）对稽核中发现的问题，做出详细、准确的记录，并形成书面的稽核报告。根据稽核结果，对被稽核单位提出整改建议和意见。

3. 稽核分析

稽核分析研究工作的主要内容是，找出产生问题的所有因素，分析各因素之间的关系，决定各因素的重要性，研究所有可能的解决方案，并与相关人员沟通，选择最适当可行的方案。稽核人员在提出方案建议时，应站在管理者的立场，考虑实务上的可操作性。

4. 稽核报告

稽核报告是稽核人员将稽核过程中汇集的资料、查明的事实、获得的结论与建议，通知具体相关部门或最高管理层，以便于相关部门及最高管理层进行处理、纠正和采取有效行动。稽核报告的形式主要有两种，即文字报告和口头报告。

稽核人员通常在工作结束之日起 10 个工作日内向财务部门负责人及总会计师报送客观、真实的稽核工作报告，需要报送总经理的，应同时报送。稽核工作报告包括下列内容：

（1）稽核对象、稽核时间、稽核内容。

（2）被稽核单位的基本情况。

（3）全面、客观、公正地评价单位财务管理状况，对有关问题提出处理或整改意见和建议。

（4）其他需要报告的事项。

下面提供一份财务日常稽核报告样式的范本，仅供参考。

【范本】▶▶▶

财务日常稽核报告

集团公司财务部／公司领导：

我们财务部门××××年×季的内部稽核汇总工作已于××××年××月××日完成，本会计期间共稽核会计凭证××份、各类报表××份。依据国家财经法律法规及集团公司的各项规章制度，现将本期稽核中发现的财务异常事项汇报如下：

一、异常发现

（一）在凭证稽核中发现的异常：

1. 原始凭证：

2. 记账凭证：

（二）在账簿稽核中发现的异常：

（三）在报表稽核中发现的异常：

（四）在内部财务控制程序稽核中发现的异常：

（五）稽核发现的其他异常：

二、原因分析

三、改善建议

1. 对财务业务处理的改善建议：

2. 对财务制度、业务流程的改善建议：

3. 对业务系统的改善建议：

四、前期稽核建议落实情况反馈

××公司财务处

财务负责人：　　　总稽核员：　　　复核：

××××年××月××日

问题46：财务稽核有哪些方法？

财务稽核人员主要采用的稽核方法有资料检查法和资产检查法，如审阅法、复核法、核对法、盘存法、函证法、观察法、鉴定法、分析法、推理法、询问法、调节法等。

1. 审阅法

审阅法是指通过对有关书面资料进行仔细观察和阅读来取得证据的一种检查方法。通过审阅可以鉴别书面所反映的经济活动是否真实、正确、合法、合理及有效。审阅法不仅可以取得直接证据，也可以取得间接证据。运用审阅法，应注意的技巧如图3-12所示。

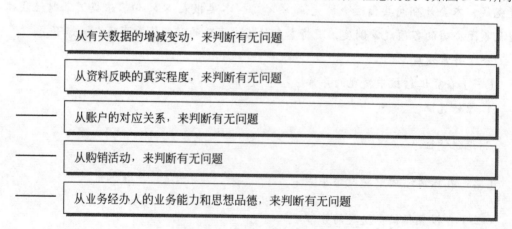

从有关数据的增减变动，来判断有无问题

从资料反映的真实程度，来判断有无问题

从账户的对应关系，来判断有无问题

从购销活动，来判断有无问题

从业务经办人的业务能力和思想品德，来判断有无问题

图3-12　运用审阅法的技巧

2. 复核法

复核法包括会计数据复核和其他数据复核。会计数据复核主要是对有关会计资料提供的数据指标进行复核。其他数据复核主要是对统计资料所提供的一些主要指标进行复核。

3. 核对法

核对法是指将书面资料的相关记录，或是书面资料的记录与实物，进行相互核对，以验证其是否相符的一种查账方法。按照复式记账原理，核算的结果、资料之间会形成一种相互制约关系。若有关人员造成无意的工作差错或是故意的舞弊行为，都会使这种制约关系失去平衡。

4. 盘存法

盘存法是指通过对有关财产物资进行清点、计量，来验证账面反映的财物是否真实存在的一种查账方法。按具体做法的不同，可分为直接盘存法和监督法两种。

5. 函证法

函证法是指查账人员按照稽核的具体需要，设计出一定格式的函件并寄给有关单位和人员，然后根据对方的回答来获取某些资料，或对某问题予以证实的一种检查方法。按要求对方回答方式的不同，函证法又有积极函证和消极函证两种。

6. 观察法

观察法是指检查人员通过实地观看来取得证据的一种技术方法。观察法结合盘点法、询问法使用，会取得更佳的效果。

7. 鉴定法

鉴定法是指检查人员对于需要证实的经济活动、书面资料及财产物资超出稽核人员专业技术时，另聘有关专家并运用相应专门技术和知识加以鉴定证实的方法。鉴定法主要应用于涉及较多专业技术问题的稽核领域，同时也应用于一般稽核实务中难以辨明真伪的场合，如纠纷、造假事项等。

8. 分析法

分析法是指通过对被稽核项目有关内容的对比和分解，从中找出每个项目之间的差异及构成要素，以提示其中存在的问题，为进一步检查提供线索的一种技术。稽核工作中采用的分析方法主要有图 3-13 所示的几种。

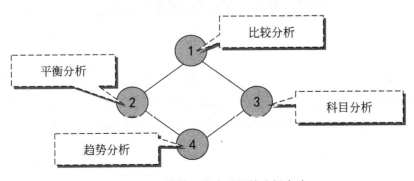

图 3-13　稽核工作中采用的分析方法

9. 推理法

推理法是稽核人员根据已经掌握的事实或线索，结合自身的经验并运用逻辑方法，来确定一种方案，并推测实施后可能出现的结果的一种技术方法。推理法与分析、判断有着密切的联系，通常将其合称为"分析推理"或"判断推理"，它是一种极为重要的稽核技术。推理法的应用，有利于把握检查的对象和选择最佳的检查方法。推理法的步骤如图 3-14 所示。

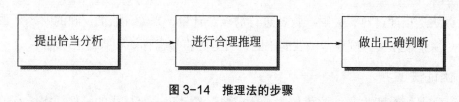

图 3-14　推理法的步骤

10. 询问法

询问法又称面询法，是指稽核人员针对某个或某些问题通过直接找有关人员进行面谈，以取得必要的资料，或对某一问题予以证实的一种检查技术方法。按询问对象的不同，询问法可分知情人询问和当事人询问两种。按询问方式的不同，又可分为个别询问和集体询问两种。

11. 调节法

调节法是指审查某一项目时，为了验证其数字是否正确，对其中某些因素进行必要的增减调节，从而求得需要证实的数据的一种稽核方法。例如，在盘存法中，当材料、产品的盘存日与查账日不同时，应采用调节法。银行存款账户余额不一致时，应采用调节法。通过调节，往往还能提出更深层次的问题。

第四周　财务稽核实践

企业应努力提升规范化管理水平，针对财务风险防控、全面预算管理、税收等方面开展财务稽核检查工作，从企业查、单位找、全诊断、严整改四个方面进行稽核检查，从而构建财务稽核长效机制，提高财务风险管控能力，提升企业经营管理水平。

问题47：财务稽核的重点环节有哪些？

1. 做好企业资金管理业务的财务稽核

企业的资金大部分都在银行，因此对资金的稽核要求为：

（1）要按照相关的规章制度做好银行票据的购买、领用，银行存款、库存现金的清点和对账等工作，逐一核对银行存款、账单记录，并核查银行中的企业存款是否真实、准确、完整。

（2）要对企业资金支出和收入凭证进行审核，核查凭证中的内容、开支标准是否符合相关的资金制度规范。

（3）要对付款审批流程、审批权限进行审核，核查其是否符合相关的制度规范。此外，还要对付款审批单的收款单位、金额、支付比例、支付项目等进行审核，确定其是否符合相关的制度规范。

2. 做好企业各项费用的监察工作

企业中各项费用的支出很频繁，因此，要做好企业各项支出费用的监督检查工作，具体要求如图 3-15 所示。

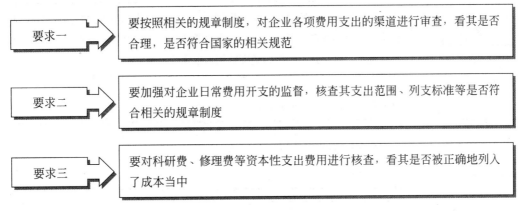

要求一	要按照相关的规章制度，对企业各项费用支出的渠道进行审查，看其是否合理，是否符合国家的相关规范
要求二	要加强对企业日常费用开支的监督，核查其支出范围、列支标准等是否符合相关的规章制度
要求三	要对科研费、修理费等资本性支出费用进行核查，看其是否被正确地列入了成本当中

图 3-15　费用监察的要求

3. 做好会计凭证的稽查管理

会计凭证稽查管理是开展企业内部财务稽查工作的重要依据，因此，要做好会计凭证稽查管理工作，具体要求如图 3-16 所示。

| 要求一 | 要对会计凭证摘要进行核查，看其是否能简要、真实地反映经济业务的内容 |

图 3-16

要求二	要对会计科目进行监察，看其是否规范合理，另外还要看各项辅助核算信息是否正确、完整

要求三	要对记账凭证进行核查，看其是否真实、准确、完整、可靠，是否有规范的印章，是否按规定的程序进行审批

图 3-16　会计凭证稽查要求

问题48：不同项目的稽核有什么要求?

1. 原始凭证的稽核要求

原始凭证的稽核要求如图 3-17 所示。

要求一	原始凭证的名称，填制日期，填制单位名称或填制人姓名，接受单位名称，经济业务的内容、数量、单位要填写正确

要求二	从外单位取得的原始凭证应盖有填制单位公章；从个人取得的原始凭证应有填制人员的签名或者盖章；自制原始凭证应有单位领导人或指定人员签字或盖章；对外开出的原始凭证应加盖本单位公章

要求三	原始凭证的大小写金额要相符

要求四	职工借款收据应附在记账凭证之后；收回借款时，应当另开收据，而不是退还原借款收据

要求五	经上级有关部门批准的经济业务，应将批准文件作为原始凭证附上。如果批准文件需要单独归档，应在凭证上注明批准机关名称、日期和文件字号

要求六	原始凭证不得涂改、挖补。发现原始凭证有错误的，应当由开出单位重开或者更正，更正处应当加盖开出单位的公章

要求七	外单位提供的原始凭证如丢失，应取得原单位盖有公章的证明，并注明原凭证号码、金额等内容，严禁外单位提供白条凭证

图 3-17　原始凭证的稽核要求

2. 记账凭证的稽核

记账凭证的稽核要求和注意事项如图 3-18 所示。

稽核要求

1. 记账凭证的填制日期、编号、业务摘要正确

2. 会计分录要正确，转账要合理，借贷方数字要相符

3. 应加盖的戳记及编号等手续要完备，有关人员的签名或盖章要齐全

4. 现金或银行存款的记账凭证应由出纳员签名或盖章

5. 除结账或更正错误记账凭证可以不附原始凭证外，其他记账凭证所附原始凭证应齐全、合法

注意事项

1. 每一交易行为的发生，是否按规定填制传票，如有积压或事后补制现象，应查明原因

2. 会计科目、子目、细目有无误用，摘要是否适当，有无遗漏、错误，各项数字的计算是否正确

3. 传票所附原始凭证是否合乎规定、齐全、真实，手续是否完备

4. 传票编号是否连贯，有无重编、缺号现象，装订是否完整

5. 传票的保存方法及放置地点是否妥当，是否已登录日记簿或日计表

6. 传票的调阅及拆阅是否依照规定手续办理

图 3-18 记账凭证的稽核要求和注意事项

3. 账簿的稽核

账簿的稽核要求和注意事项如图 3-19 所示。

稽核要求

1. 各项账簿的记录内容应与记账凭证相符；应复核的，已复核，并保证账证相符

2. 现金日记账收付总额应与库存表当日收付金额相符；银行存款日记账账面余额应定期与银行对账单核对

3. 不同会计账簿之间的账簿记录应相符，并保证账账相符

4. 各项账簿记录错误的纠正划线、结转过页等手续应依照规定办理，误漏的空白账页应注销，并由记账人员签名或盖章

5. 各科目明细分类账各户或子目之和或未转销完的各笔科目余额之和应与总分类账各科目余额相等，并按日或定期核对，相关科目的余额应相符

6. 账簿记录存在的错误，不准涂改、挖补、刮擦或者用药水消除字迹，不准重新抄写，应按规定办法更正

7. 应按规定定期结账

注意事项

1. 每日应记的账，是否当日记载完毕

2. 各种账簿的启用、移交手续及编制的明细账目等，是否完备

3. 活页账页的编号及保管，是否依照规定手续办理，订本式账簿有无缺号

4. 旧账簿内未用空白账页，有无划线或加盖"空白作废"戳记注销

5. 各种账簿的保存方法及放置地点是否妥当，是否已登记备忘簿；账簿的毁销，是否依照规定期限及手续办理

图 3-19 账簿的稽核要求和注意事项

4. 会计报表的稽核

会计报表的稽核要求和注意事项如图 3-20 所示。

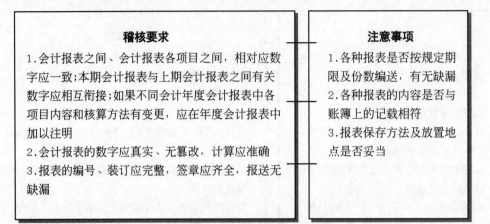

稽核要求

1. 会计报表之间、会计报表各项目之间，相对应数字应一致；本期会计报表与上期会计报表之间有关数字应相互衔接；如果不同会计年度会计报表中各项目内容和核算方法有变更，应在年度会计报表中加以注明

2. 会计报表的数字应真实、无篡改，计算应准确

3. 报表的编号、装订应完整，签章应齐全，报送无缺漏

注意事项

1. 各种报表是否按规定期限及份数编送，有无缺漏

2. 各种报表的内容是否与账簿上的记载相符

3. 报表保存方法及放置地点是否妥当

图 3-20　会计报表的稽核要求和注意事项

5. 有价证券的稽核

检查有价证券时，应与有关账表核对，并注意下列事项：

（1）有价证券的购入及出售应经核准，手续应完备。

（2）证券种类、面值及号码，应与账簿记载相符。

（3）债券附带的息票应齐全，并与账册相符。

6. 银行存款、现金的稽核

银行存款、现金的稽核应注意下列事项：

（1）支票印鉴应由两人保管，财务监察员保管支票公章，财务主管保管经理私章，每日工作完后分别锁入各自的办公抽屉。

（2）银行支票以及其他托收、承付、票汇等空白凭证及备用金，由出纳员负责保管，每日工作完毕后，由出纳员全部锁入保险柜内，并配给出纳员大保险柜一个。

（3）财务部长及工资核算员每月不定期检查两次库存现金，并做好记录。

（4）出纳员做到现金日清月结；月底最后一天，应将现金关账，且现金日记账余额与实际库存余额核对相符。

（5）每月经济业务终了，如果银行存款日记账与对账单不符，会计人员要编制银行存款余额调节表，并交财务主管审核。

7. 库存的稽核

库存检查时，应注意下列事项：

（1）检查库存现金时，如在营业时间之前，应根据前一日库存中所载库存数目查点；

如在营业时间之后，应根据现金簿中库存数目现款、银行存款查点；如在营业时间之内，应根据前一日现金簿中库存数目加减本日收支查点。同时还要检查支票签发数额与银行存款账卡是否相符，空白未使用支票是否齐全，作废部分有无办理注销。

（2）现金是否存放库内，如另存他处，应立即查明原因。

（3）库存现金有无以单据抵充现象。

（4）未到期票据等有关库存也要检查，并核对有关账表、凭证单据。

（5）检查库存时，除查点数目、核对账簿外，还应注意其处理方法及放置区域是否妥当，币券种类是否区分清。

（6）汇出款项寄回的收据是否妥善保存，有无汇出多日尚未解讫的款项。

（7）内部往来账是否按月填制未达账明细表，账单是否依序保管。

（8）内部往来账或单位往来账是否经常核对。

（9）销售日报表的记载是否与银行存款相符。

（10）检查各单位周转金及准备金时，应注意其限额是否适当，有无零星付款的记录；所存现款与未转账的单据合计数，是否与周转金、准备金相符，有无不当的垫款或已付款，以及久未交货的零星支付。

8.各种质押品、寄存品及其他有价值的凭证单据的稽核

检查各种质押品、寄存品及其他有价值的凭证单据时，应注意其是否存放库内，并根据开出收据的存根副本及有关账册与库存核对，检查其是否相符，有无漏记，如另有其他存放地点，应查询原因并检查有关单据。

问题49：加强财务稽核有哪些措施？

加强财务稽核，有利于切实完善企业经营活动中的内部控制，促进企业内部机制的长远发展。因此，财务经理可从图3-21所示的几个方面来加强财务稽核。

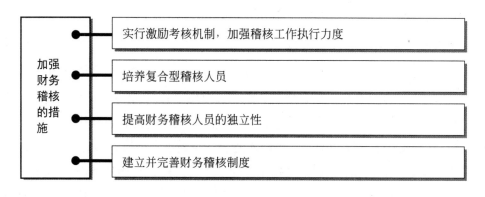

图 3-21

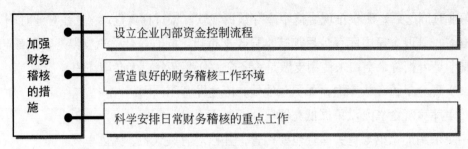

图 3-21　加强财务稽核的措施

1. 实行激励考核机制，加强稽核工作执行力度

工作人员必须对会计稽核工作有足够的热情、充分的重视、严格的执行力，这样才能进一步保证稽核工作的顺利实施。企业内部可以建立稽核考核机制，将会计稽核的工作业绩与奖金直接挂钩，这样才能够充分调动员工的积极性。工作人员应定期进行会计稽核工作，将出现的问题积极上报。相关人员对于出现的问题应尽快解决，并提出稽核整改措施，下发到稽核人员手中，会计稽核人员要严格执行。财务经理要定期进行考核，对表现优异的员工给予奖励，这样能够最大限度地提高工作人员的工作热情，提高会计稽核的工作效率。

2. 培养复合型稽核人员

企业的竞争压力越来越大，人才在竞争中起着重要的作用，高技术、高素质人才能够引进新思想，更好地促进企业经济的发展。因此，人才成为了现在经济发展的重要因素，对企业经济发展起着至关重要的作用。随着社会经济的快速发展，企业内部的财务管理方式也在不断创新，对综合型财会人员的要求也越来越高。会计稽核是一项复杂的工作，工作人员需要采用先进的技术，以最快的速度准确地做出会计稽核报告，找出问题所在，这需要由大量复合型高素质的稽核人员来完成。财务部门要积极引进高素质稽核人员，并且对他们委以重任。

对于企业内部稽核人员，要加大投入成本，定期组织理论知识学习，进行实际操作培训，同时还要进行思想政治教育，提高稽核人员的思想觉悟。

3. 提高财务稽核人员的独立性

企业内部要想完善会计稽核工作，可以设立单独的会计稽核部门或者成立专门的稽核小组，明确具体的管理者，制定稽核工作的各项规章制度，实行责任到人的机制。这样能够增加稽核人员的工作压力，促进会计稽核工作的规范化、合理化。只有具备一定的独立性，会计稽核工作才能顺利实行，才能进一步促进会计核算和财务管理工作。

因此，财务经理要充分重视会计稽核工作，不断完善会计稽核部门，确定专门的稽核管理者，制定严格的制度，使稽核工作走上正规化道路，以进一步促进稽核工作的实施。

4. 建立并完善财务稽核制度

财务稽核制度是企业内部控制制度的重要组成部分，是会计机构本身对会计核算工作进行的一种自我检查或审核。建立完善的财务稽核制度，可以及时发现并纠正或制止日常会计核算工作中出现的错误、疏忽，并有效保证企业会计资料的真实性和准确性，进而提高会计核算工作的质量，促进企业更好地发展壮大。

财务经理应根据本单位行业特点组织制定财务稽核制度，并严格按照财务稽核制度规定的程序和方法对各主要环节进行稽核。内部稽核制度的主要内容包括稽核人员在各个阶段中的任务、审核或检查记账凭证时应注意的事项、核对有关账表的注意事项等。有了具体的财务稽核制度，必须严格执行，否则流于形式，制度也失去了意义。

5. 设立企业内部资金控制流程

首先，财务经理要根据企业自身的规模大小、业务范围、行业性质等来确定企业的财务风险；然后，由专业的会计机构设计出适合企业的内部资金控制流程。

企业可根据各自的内部资金控制流程建立财务稽核工作规范，进而在稽核工作中给稽核工作人员提供相应的工作标准和规范。

6. 营造良好的财务稽核工作环境

财务经理要严把稽核关，由财务资产部牵头，各部门配合，全面开展多项财务稽核监督工作。同时，企业财务人员要注重沟通交流，通过深入基层宣贯财务制度的方式，让各业务部门及时了解财务稽核工作的重要性，以营造良好的稽核工作环境。

7. 科学安排日常财务稽核的重点工作

由企业财务人员对每张原始凭证进行审核，重点关注资金安全管理，债权债务管理，人工成本、工程项目管理等方面内容，对发现的问题按月分析，并将整改情况形成财务稽核报告。

 相关链接

实现内控与财务稽核的有效结合

在一系列内部管理与控制工作中，财务管理至关重要。繁杂的财务管理加大了企业内部管理控制的难度，出现不少财务浪费与财务漏洞，促使企业需要通过建立更加全面、系统的内部控制体系来加以防范。

1. 明确财务稽核工作的标准与流程

无论是企业内控还是财务稽核，都是较为复杂的系统工程，涉及面广、综合性强，

要想确保其顺利实施，提高工作效率和监督力度，促进企业发展，必须首先结合企业自身特点，制定相对明确的财务稽核工作标准与流程，从事前、事中和事后三方面着手，加强深度与广度的拓展，确保各部门不同岗位都能按规定和标准流程开展工作。整体来说，在制定标准时必须充分考虑内控与财务稽核之间的连通性，先确定内控工作标准，再完善财务稽核工作标准，这样才方便对内控业务活动进行财务稽核。

（1）事前预警准备

纵观以往的企业管理，财务稽核工作都在预算管理和成本管控之后，这使财务稽核的准确性、及时性等大打折扣，造成了不少工作上的失误，也影响了企业的发展。鉴于此，为了避免失误的发生，建立事前预警准备至关重要。在企业经营过程中，各项事务都需要及时复核。在同一核算制度下完成实时监督，尤其是风险控制和风险实时保持同化，才能有效降低风险。

为此，必须创新财务稽核工作模式，将其提前至预算编制和成本控制环节；做好风险预算评估，从前期就执行动态化监督核算，对各个环节查漏补缺；加快新管理体系的建设，如建立监督平台、风险评估体系等，这样才能为财务稽核工作的顺利开展保驾护航。

（2）事中完善配合

有效的风险管控必须渗入到企业内控的各个环节，因此在开展财务稽核工作时，必须引入现代化的模式和手段，利用财务管理系统来完成财务管理，同时采用专项稽核与日常稽核交叉开展的方式来降低财务风险，实现财务稽核的高效化。结合企业性质与经营特征，可以制定财务稽核专项方案，由管理骨干组织，更好地配合监督机构，进一步完善财务稽核。

（3）事后防范扫尾

稽核工作需要有效的监督，当发现问题时，应及时向上级领导报告反馈，并提出整改与防范方案，有效解决问题。稽核人员需要在事后对稽核业务编制全面的评价报告，包括稽核内容，存在的风险点、问题及解决措施等，可让管理层更好地掌握企业经营发展情况，同时也便于监察部门的检查。进一步明确责任范围，在信息系统中确定关键流程，可为后续价值链风险管理提供非常坚实的基础。需要建立以风险管理与内控为导向的信息技术，为全面覆盖以及全面参与风险管理和内控审计管理提供支撑。

2.加快财务稽核体系制度的完善

为了能够更好地确保对企业财务系统在正常的秩序下进行有效管理，企业需建立一套完整的规章制度。财务稽核主要包括专项稽核与日常稽核两种形式。日常稽核主要指财务系统内部开展的复核工作，如对财务收支开展督查。专项稽核主要是针对企业资产、支出以及收入等方面开展的专项检查。财务稽查工作应完善管理制度，明确机构设置和人员配备，以实现管理规范化。企业财务稽核体制的完善，有利于提升财务稽核工作的效率与质量，有利于明确财务稽核人员自身的工作责任和义务。推进财务稽核工作健康有序开展，对企业内控建设至关重要。

为了最大化发挥企业内控中财务稽核的作用，企业务必要健全财务稽核体系制度，对日常财务稽核工作进行有效约束与监管。企业要结合市场环境，对所处行业的特点和自身性质进行全面分析，认清面临的风险，并找寻风险控制的关键点，拓展财务稽核业务的覆盖面，实现内控常态化发展，为企业内部管理和控制创造良好的环境。这就需要明确企业内部的控制流程，并以此为基础完善财务稽核工作，加大对所提交票据、发票的稽核力度，以确保稽核工作的正规性。

在财务稽核制度中，要明确财务稽核的程序以及相关稽核人员的管理权限。对于财务稽核的重要环节，如审核、批准、管控等，都要有详细的规定。对不同的稽核人员，要适当授予管理权限，让其能按照规章制度全面开展稽核工作。当然各个岗位间的相互监督也是必不可少的，建立健全监督机制和风险预警机制，做好事前、事中、事后风险评估，采取相适应的风险防范措施，可将企业生产、销售等环节中可能出现的风险扼杀在摇篮里，并实现财务稽核的准确性、及时性，大大提高工作效率。

3.构建信息化财务稽核管控系统

企业财务风险和战略管理的有效开展，都离不开内部工作体系的建设与完善。随着财务稽核在企业内控中的地位日益突出，构建信息化财务稽核管控系统成为重要趋势。它的稽核侧重资金管理、工程项目管理、业务预算管理、物资管理等方面，着重对规范性、合理性、可行性等进行审核。当然，构建信息化财务稽核管控系统不是一期一夕的事情，必须结合企业实际情况，逐步推进。

首先，要加强企业的顶层设计。在企业内控机制的指导下，进一步完善财务稽核常态化管理，制定技术实施方案，建立工作机制和报告机制，让财务稽核工作在企业运营管理中开展。

其次，要进行试点。对企业自身关注的重点领域、重大风险和重要岗位等进行集约化风险在线监控，并实现财务、业务信息的过滤、查询、分析，形成全面、完善的财务稽核库，明确稽核重点，形成较为固定的稽核规则。

最后，全业务价值链在线管控，是财务稽核系统的最终目的，对统一的财务稽核体系构建意义重大。只有全部的业务数据信息实现系统化，才能及时地分析、审核、解决、整改存在的问题，让稽核监控更加全面、系统、智能；才能实现全面的防线监控与防范。

4. 提高财务稽核人员的综合素质

财务稽核人员在财务稽核工作中的重要性不言而喻，必须让稽核人员形成一定的财务稽核意识。具体而言，可以通过对新会计制度中财务稽核人员法律职责要求的宣传与落实，来增强稽核人员的意识。同时在日常的财务稽核工作中，还要自觉规范自身行为，不断加大新会计制度的执行力度，并以此作为配套制度加以推广，使其成为各项财务工作及内控制度的原则性导向。及时跟进内控工作，真正发挥内控在提高财务信息质量方面的重要作用，始终在法律法规和规章制度范围内开展工作，有利于进一步提升财务稽核工作的合规性。

当然，企业财务稽核工作不仅仅是稽核人员的责任，作为企业管理人员，其言行举止也会直接影响工作人员的执行力度，只有他们高度重视财务稽核，才能带动全体人员，尤其是财务稽核人员重视稽核工作，营造良好的财务稽核环境；只有给予财务稽核人员更多的配合与强有力的支持，才能使财务稽核工作健康有序开展。强烈的财务稽核意识配上丰富的理论知识和卓越的实际操作能力，才是稽核工作效能最大化的前提条件。随着财务信息的层出不穷，财务稽核人员必须与时俱进，掌握新的知识，这样才能更有效地开展财务稽核工作。

对不少企业而言，要想脱颖而出，立于不败之地，只能从企业内控方面进行优化，而财务稽核则是重要途径。为此，企业在发展过程中应根据自身业务特点、经营范围、企业规模等，结合市场发展趋势以及国家政策导向，制定符合本企业发展的内控制度，将财务稽核工作提升到一定的高度。企业上下要高度重视，并不断探寻加强财务稽核与内控高度融合的有效途径，这样才能保证资金的安全，降低企业风险，提高管理水平和质量，增强企业自身的综合竞争力，使企业更加从容地面对激烈的市场竞争。

第四个月

成本管理与控制

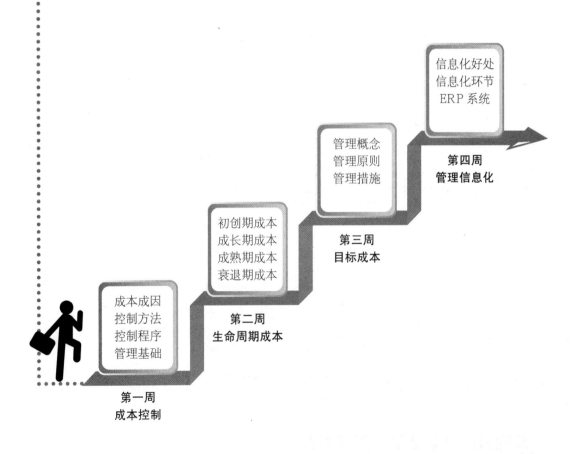

信息化好处
信息化环节
ERP 系统

第四周
管理信息化

管理概念
管理原则
管理措施

第三周
目标成本

初创期成本
成长期成本
成熟期成本
衰退期成本

第二周
生命周期成本

成本成因
控制方法
控制程序
管理基础

第一周
成本控制

第一周　了解成本控制

企业要想在日益激烈的市场竞争中谋求经济利益，就应精打细算，加强成本控制，努力寻求各种降低成本的有效途径和方法，提升自己的竞争优势。

问题50：什么是成本？

成本是企业生产、销售商品和提供劳务所发生的各种耗费和支出，其组成如图4-1所示。

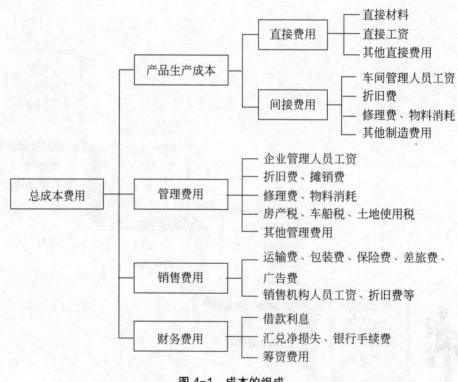

图 4-1　成本的组成

问题51：成本是怎么形成的？

成本的形成过程如图4-2所示。

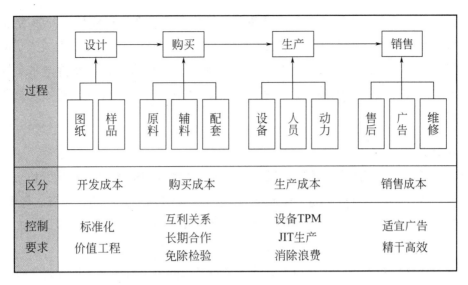

图 4-2　成本的形成过程

问题52：成本控制的方法有哪些？

加强和改进成本费用的内部控制是企业的一项重要任务，财务经理应从图 4-3 所示的几个方面改变成本费用内部控制的现状，摆脱成本费用居高不下的困境。

图 4-3　成本控制的方法

1. 全面管理

间接成本在总成本费用中的比例不断加大，企业要取得产品成本优势，同时获得经济效益，就不能仅仅局限于制造过程成本的控制，还应扩展到整个产品生命周期的成本控制，如设计研发成本、设备运行维护成本、材料采购成本和存货仓储成本，以及企业为组织管理生产经营活动而发生的各项费用等。

2. 实施事前控制

成本控制的关键在于制定和建立目标成本指标体系。

目标成本指标需要经过多次测算,从目标利润中选出最佳方案。首先,以市场为依托,依据市场行情与各类产品的需求趋势、本企业的资源状况、产品的使用价值及功能,计量测算出具有竞争力的产品的最优销价；然后,通过产品销售市场调查,测算本期目标销售收入,优先扣除缴纳的税金,预测分析有关经济信息,制定产品销售目标利润；最后，依据公式"产品单位目标成本＝产品单位售价－产品单位目标利润"，拟定企业的目标成本指标。但这并不是最后确定的目标成本指标，财务人员还应在有关人员的配合下，根据企业的生产能力、技术水平、设备水平、材料供应渠道以及价格水平等具体情况，进行测算、分析、比较。如果所得成本超过拟定的目标成本，则要进行调整或重新设定。

3. 避免无效成本

企业为了实现目标成本、落实责任制度，应尽可能地避免无效成本的发生。

第一，企业应强化监督职能，技术监督由工艺、质检等部门负责，经济监督由财务、审计等部门负责，而纪律监督则由人力资源、行政等部门负责。各部门各司其职，分工明确。

第二，加强物资管理，定期组织有关人员对各车间物资管理及仓库保管工作进行检查，要定期盘点和不定期抽查相结合，做到证、账、物相符，避免物资流失。同时，监督物资流向，推行限额领料制度，剩余材料要及时退库，以防丢、毁、损等现象的发生。特殊物资管理要责任到人，避免挪作他用而造成浪费。

第三，资源闲置浪费和产品积压造成贬值也是成本居高不下的主要因素之一，企业现代化管理制度应为充分利用资源创造条件，合理规划库存量，具体措施如图4-4所示。

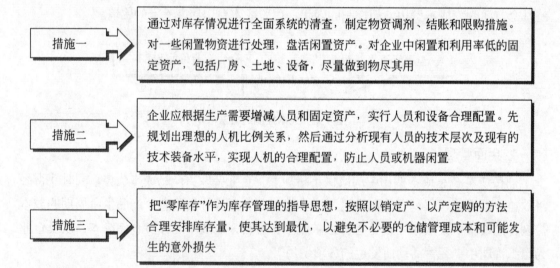

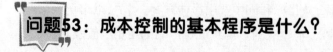

图4-4　合理规划库存、降低成本的措施

问题53：成本控制的基本程序是什么？

生产过程中的成本控制，就是在产品的生产过程中对形成成本的各种因素按照事先拟定的标准加以严格监督，发现偏差时立即采取措施加以纠正，从而把生产过程中各项资源的消耗和费用开支限制在标准规定的范围之内。成本控制的基本程序如图4-5所示。

图4-5　成本控制的基本程序

1. 制定成本标准

成本标准是成本控制的准绳，首先要包括成本计划中规定的各项指标。但成本计划中的一些指标是综合性的，还不能满足具体控制的要求，这就有必要设定一系列具体的标准。制定成本标准的方法大致有表4-1所示的三种。

表4-1　制定成本标准的方法

序号	方法	具体说明
1	计划指标分解法	计划指标分解法是指将大指标分解为小指标。分解时，可以按部门、单位分解，也可以按不同产品的工艺阶段或零部件进行分解。如需要更细致一点，还可以按工序进行分解
2	预算法	预算法就是用编制预算的办法来制定控制标准。有的企业是根据季度生产销售计划来编制较短期（如月份）的费用开支预算，并把它作为成本控制的标准。采用这种方法要根据实际编制预算
3	定额法	定额法就是建立定额和费用开支限额，依据定额和限额进行成本控制。在企业运营中，凡是能建立定额的地方都应把定额建立起来，如材料消耗定额、工时定额等。实行定额控制有利于实现成本控制的具体化和经常化

财务经理在采用上述方法确定成本控制标准时，应进行充分的调查研究和科学计算，同时还要正确处理成本指标与其他技术经济指标的关系（如和质量、生产效率的关系），依据总体目标，综合平衡，必要时还可制定多种方案以便择优选用。

2. 监督成本的形成

根据控制标准，财务经理要经常对形成成本的各个专案进行检查、评比和监督，不仅要检查指标本身的执行情况，还要检查和监督影响指标的各项条件，如设备、工艺、工具、工人技术水平、工作环境等。所以，成本日常控制要与生产作业控制等结合起来。

生产费用的日常控制方法如表4-2所示。

表 4-2　生产费用的日常控制方法

序号	方法	具体说明
1	材料费用的日常控制	车间施工员和技术检查员要督促工人按图纸、工艺、工装要求进行操作,并对首件进行检查,以防止成批报废。车间设备员要按工艺规程监督设备维修和使用情况,不符合要求的设备,不能开工生产。供应部门材料员要按规定的品种、规格、材质实行限额发料,并监督领料、补料、退料等制度的执行。生产调度人员要控制生产批量,合理下料,合理投料,并监督期量标准的执行。车间材料费的日常控制一般由车间材料核算员负责,核算员要经常收集材料、分析对比、追踪异常的原因,并会同有关部门和人员提出改进措施
2	工资费用的日常控制	主要指车间劳资员对生产现场的工时定额、出勤率、工时利用率、劳动组织的调整、奖金、津贴等进行监督和控制。此外,生产调度人员要监督车间内部作业计划的合理安排,要合理投产、合理派工,控制窝工、停工、加班、加点等现象。车间劳资员(或定额员)负责对上述有关指标进行控制和核算,并分析偏差,找出偏差的原因
3	间接费用的日常控制	企业管理费、车间经费的管理方案有很多,发生差异的情况也各不相同。因此,有定额的应按定额控制,没有定额的按各项费用预算进行控制,例如,采用费用开支手册、企业内费用券(又叫本票、企业内流通券)等形式来实行控制。各个部门、车间、班组分别由有关人员负责控制和监督,并提出改进意见

小提示

期量标准又称作业计划标准,是指为制造对象在生产期限和生产数量方面所规定的标准数据。先进、合理的期量标准是编制生产作业计划的重要依据,也是保证生产配套性、连续性以及充分利用设备能力的重要条件。

上述各生产费用的日常控制不仅要有专人负责和监督,而且要使费用发生的执行者实行自我控制,并在责任制中加以规定,这样才能调动全体员工的积极性。

3. 及时纠正偏差

针对成本差异发生的原因,企业应查明责任,分情况,按轻重缓急提出改进措施并贯彻执行。对于重大差异的纠正,一般采用图4-6所示的步骤。

步骤一　提出课题

通过分析成本超支的原因,提出降低成本的课题。这些课题首先应当是成本降低潜力大、各方关心、可能实行的专案。提出的课题应包括课题的目的、内容、提出的理由、预期达到的经济效益等

步骤二　讨论和决策

课题选定以后，应发动有关部门和人员进行广泛的研究和讨论。对重大课题要提出多种解决方案，并对各种方案进行对比分析，从中选出最优方案

步骤三　确定方案

确定实施的方法、步骤及负责执行的部门和人员

步骤四　贯彻执行确定的方案

在执行过程中要及时进行监督、检查。在方案实施以后，还要检查方案实施后的经济效益，衡量其是否达到了预期的目标

图 4-6　重大差异专案的纠正步骤

问题54：如何夯实成本管理的基础？

财务经理可从以下几个方面来夯实成本管理的基础：

1. 定额制定

定额是企业在一定生产技术水平和组织条件下，人力、物力、财力等各种资源的消耗能达到的数量界限，主要有材料定额和工时定额。成本管理主要涉及消耗定额的制定，只有制定出消耗定额，企业才能更好地进行成本管理。工时定额的制定主要依据各地区收入水平、企业工资战略、人力资源状况等因素。在现代企业管理中，人力成本越来越高，工时定额就显得特别重要。在工作实践中，根据企业生产经营特点和成本控制的需要，企业可能还要制定动力定额、费用定额等。

定额制定是成本管理基础工作的核心，建立人工包干制度、控制工时成本、控制制造费用等，都需要定额，没有科学准确的定额，企业就难以控制生产成本。同时，定额也是企业进行成本预测、决策、核算、分析、分配的主要依据。

2. 标准化工作

标准化工作是现代企业管理的基本要求，也是企业正常运行的基本保证。它促使企业的生产经营活动和各项管理工作实现合理化、规范化、高效化，是成功管理成本的基本前提。在成本管理过程中，企业需做好表 4-3 所示的四项标准化工作。

表 4-3 成本管理的四项标准化工作

序号	工作内容	具体说明
1	计量标准化	计量是指用科学的方法对生产经营活动中量和质的数值进行测定，从而为生产经营，尤其是成本管理提供准确数据。如果没有统一的计量标准，基础数据不准确，企业就无法获取准确的成本信息，从而无法进行成本管理
2	价格标准化	企业在成本管理过程中要制定两个标准价格：一是内部价格，即内部结算价格，它是企业内部各核算单位之间、各核算单位与企业之间模拟市场进行"商品"交换的价值尺度；二是外部价格，即企业在购销活动中与外部企业开展供应与销售业务时的结算价格
3	质量标准化	质量是产品的灵魂，没有质量，再低的成本也是徒劳的。成本管理是质量管理下的成本管理，没有质量标准，成本管理就会失去方向
4	数据标准化	确定成本数据的采集过程，明晰成本数据报送人和入账人的责任，做到成本数据按时报送、及时入账，使数据便于传输，实现信息共享；规范成本核算方式，明确成本的计算方法；规定成本的书面文件使用国家公文格式，形成统一的成本计算图表格式，做到成本核算结果准确无误

3. 成本管理制度建设

企业运行的基本保证有两个，一是制度建设，二是文化建设。制度建设是根本，文化建设是补充。没有制度建设，企业就不能固化成本管理流程，也不能保证成本管理质量。对此，企业可从图 4-7 所示的几个方面来做好成本管理制度建设。

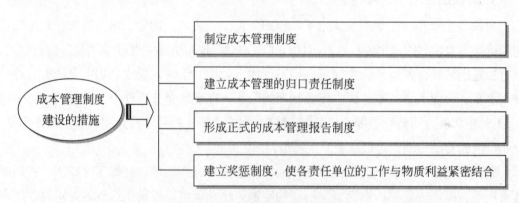

图 4-7 成本管理制度建设的措施

（1）制定成本管理制度

企业应在产品生产之前，对影响成本的因素进行分析研究，制定出一套适合企业具体情况的成本管理制度，并将各项经济指标层层细化，分解到各责任部门。

同时，企业还应制定可控费用的管理办法，做到硬指标、硬任务和奖罚激励措施并举，以增强广大员工战胜困难的信心，使员工积极参与成本管理。

小提示

该制度应尽可能制定得可以衡量、具体且可以考核，如果不能衡量差异，就不能界定成本管理结果的好坏。该制度应抓住关键点，而且数目不宜太多，要便于实施。

（2）建立成本管理的归口责任制度

在成本管理的归口责任制度下，各职能部门在成本管理和控制方面分别承担一定的责任。

比如，生产部门负责生产任务的安排、下达，并保证完成产量；供销部门负责制定物资储备定额，控制物资的消耗，节约物资的采购费用、保管费用；劳动部门负责合理组织劳动资源，制定劳动定额，提高工时利用率和劳动生产率，控制工资支出；机电部门负责制定设备利用定额，提高设备利用率，降低设备修理成本，减少设备维护保养费用；动力部门负责水、电等动力定额的制定和管理，并在保证生产需要的前提下，努力控制动力消耗；其他部门负责与自身责任有关的成本管理和控制工作，要提高工作效率，减少费用支出。

当然，企业不应局限于上述成本指标，而应同时从增产和节约两方面着手，抓好成本管理工作，这样才能全面提高经济效益。

（3）形成正式的成本管理报告制度

各级责任单位应编制成本管理报告，向企业有关部门报送。成本管理报告的内容同责任单位承担的成本责任一致，但应根据例外管理原则突出重要的信息，而且还要同岗位责任制相联系，区分可控费用与不可控费用。报告尽量采用表格的形式，一般将责任单位的实际消耗同应达到的标准相比较，其差异反映了责任单位的工作质量。有关人员可以根据这种报告，及时掌握自己所管理事项的执行情况，了解问题产生的原因，确定深入调查的方向，以及应采取的措施等。

财务部门可以建立并完善相关的成本台账制度，及时将每月的产量、材耗和工资等费用收集、汇总，编制成成本快报，并把成本管理贯穿于生产经营和投入产出的全过程，提高事前和事后的成本监控能力，为企业管理者的决策提供翔实和准确的依据。

（4）建立奖惩制度，使各责任单位的工作与物质利益紧密结合

企业应把责任成本指标纳入考核范围，按照"责、权、利"相结合和"多节多奖、少节少奖、不节不奖、超支罚款"的原则进行考核。同时，健全奖惩机制，促使全员积极参与。

此外，企业还可以根据不同的需求设定不同的激励方式。

比如，对于普通员工，可采取浮动工资的办法进行激励；对于中层领导，则可以业绩考核为主，辅以精神鼓励和一定的物质奖励。

第二周　生命周期成本控制

生命周期是企业发展与成长的动态轨迹。可根据企业的生命周期特点和工艺流程特性，按照周期阶段和流程节点，实施不同的成本管理和控制措施，以确保企业价值最大化。

问题55：什么是企业的生命周期？

企业生命周期是指企业在不同时间和空间的各个动态发展阶段，包括图 4-8 所示的四个阶段。如何把握企业生命周期并持续发展，是每个企业都必须面对的问题，其中，不同阶段的成本控制与风险管理也不可忽视。

图 4-8　企业的生命周期

问题56：初创期如何控制成本？

1. 初创期成本控制问题

初创期相对其他三个发展阶段来说，处于生命周期的起点，此阶段的成本较高。但是，根据会计信息质量要求中的收入与费用配比原则，如果在此阶段企业业务没有得到一个发展的立足点，从筹建到经营发生的所有价值链上的成本没有得到较好的回报，会导致前期付出的经营成本得不到应有的补偿，从而使成本提前上升，引起成本曲线上移，没有为企业发展开一个好头，不利于企业从成长期到成熟期和衰退期的过渡，也会影响企业业务运营的稳定和持久。

2. 初创期成本控制对策

企业成本在初创期处于上升的起点，该阶段成本控制的重点是，在市场上找到准确定位，为向成长期过渡做铺垫。此时企业正在积极寻找合适的供应商和批发零售商，价值链尚未成形，因此，在开源节流上，要通过业务合同的安排进行税务筹划。

以增值税和企业所得税为例，增值税采用购进扣税法，可能涉及兼营行为和混合销售行为的识别。出现因增值税计税项目的不同和税率的差别而产生筹划空间时，对计税依据和应税项目要有准确的识别能力，兼营行为和混合销售行为下，应分别核算而不是合并计算，以免因为"应税项目－计税依据－适用税率"三点不一致，无形中增加不必要的税负。

企业所得税方面，以利润表结构为载体。由于《企业所得税法》和《企业所得税法及其实施细则》采用权责发生制核算应纳税额，所以在符合会计准则和税法的前提下，根据业务合同的安排，收入应尽量推迟确认，成本费用应尽量提前确认，以保证企业资金的收付能够实现多增少减。

同时，在企业起步阶段，应建立预（决）算制度，以税务筹划为前提，通过预算管理，开源节流，为企业进入市场奠定基础。

问题57：成长期如何控制成本？

1. 成长期成本控制问题

处于成长期的企业，因刚刚度过创业期，业务量有了一定的增加，且呈快速发展的态势，此时的成本呈逐步上升的趋势，不论是数量还是速度，都与市场销售同步，甚至幅度会超过业务和规模扩张的速度和水平。从财务管理活动的角度划分，企业成本分为经营成本和融资成本，融资成本又分为债务成本和股权成本。现代企业的所有权分离，主要解决经营成本和债务成本的问题，成长期的企业成本中经营成本常有而债务成本不常有。如果经营活动没有得到很好的管理和运营，势必会使债务成本从不常有变成常有，甚至达到与经营成本相近或高于经营成本的情况。

因此，如何保持经营活动对企业经济效益的贡献程度和持久能力，控制债务成本的比例，已成为企业快速发展阶段必须要面对的问题，也可为后面的成熟期和衰退期做好铺垫。

2. 成长期成本控制对策

成长期成本需要进一步控制销售净利率和总资产周转率，降低财务杠杆的力度，具体对策如图4-9所示。

提高销售净利率，将销售净利率一分为二，使利润和收入同时增加，成本和费用同时减少

加快资产周转速度，缩短资金循环的周期；进行精益价值链管理，对业务做到精细化、专业化管理，使之保持强大的发展势头和优势地位；去掉非增值作业，挖掘增值作业，将管理效率不高的作业交给管理信息系统来完成

使资产能够在压力较小、效率较高的状态下产生经济效益。先控制经营成本，后控制融资成本，有效利用融资活动产生的现金流，对成本进行管理

图 4-9　成长期成本控制对策

问题58：成熟期如何控制成本？

1. 成熟期成本控制问题

成熟期的成本控制，比成长期又上升了一定水平。此阶段企业发展的速度有所放缓，企业业务水平、销售额和市场占有率、社会影响力和知名度渐趋平稳，经营成本和融资成本得到了一定控制，融资渠道增多，内部融资也在一定程度上起到了支持经营活动的作用，总的趋势是逐渐上升的。其中，经营成本由于与营业收入相配比，会随销售量的上升而上升。在保证现金牛业务的前提下，开拓有发展潜力的明星业务，会有一定的融资需求，从而会增加融资成本，此时处于经营业务新旧更替、经营成本稳定控制、融资成本持续跟进的状态，因此稳定企业发展，保持成熟期的竞争优势，就具有一定的重要性和迫切程度。

2. 成熟期成本控制对策

成熟期成本控制的重点是稳定为上。

第一，税务筹划方面，与初创期类似，在合规合法的前提下，对增值税、企业所得税和个人所得税做损益增减抵消的安排，以缩短现金流入周期，延长现金流出周期，增加现金净流量，保证资金链不断裂。

第二，对价值链再次进行精细化管理，使现金牛业务不断深耕，明星业务做精做强，对问题业务和瘦狗业务要发现、分析和解决问题，或升级或重组或处置。

第三，虽然成熟期拥有稳定的现金流，但是预算管理和现金流量管理同样需要加大力度。对预算内管理和预算外调整，要先考虑业务，后考虑财务；对现金流量要做到成本费用严格审批授权；将提高销售额和增加销售回款作为销售人员绩效考核的重点，要催款在

先，签单在后；尽量使经营活动重于融资活动和投资活动，同时平衡经营和投资之间的关系，做到"多经营，少融资，经营在先，投资在后，现金为王"，使净资产收益率最大化。

 **相关链接**〈………………………………………………………………………………

成长期与成熟期的低成本战略

1. 降物资采购成本

（1）完善成本消耗定额。通过完善成本消耗定额，测算企业主要物料消耗周期。按照内部市场化管理要求，完善各类成本项目消耗定额。充分运用内部市场化考核分配机制，实施水、电、煤、油、气单耗有效管控。

（2）加强中间商清理，扩大物资集中采购范围，降低采购成本。必须完善厂家直供谈判制度，除企业集团外部厂家直供、集团内部市场供应外，其他渠道采购的材料、配件一律要实现有效管控。

2. 降管理成本

（1）严格执行可控费用的预算。发挥财务信息化管理系统的费用预算控制功能，无预算、超预算项目不得列支。

（2）严控非生产性支出。合理压缩机关部室费用，减少一般性用车费用。

（3）强化销售费用管理。按照零基预算原则，结合经营收入，合理预测销售费用。规范销售提成比例，做到不回款不提成，无业绩不提成。

3. 降筹资成本

（1）按照项目进度节点进行筹资，按照偿还或置换贷款时间节点进行筹资，避免资金到位过早而支付利息，应将存贷比压缩在最佳范围。采取"借低还高"等方式，降低筹资费用。

（2）严控贷款规模。根据年度预算和投资计划，严格控制贷款规模，严禁发生计划外和超计划借款。除建设项目可新增借款外，流动资金内外部贷款一律不增加。将贷款规模纳入年度考核指标体系，与单位负责人年薪挂钩。

（3）严控筹资成本。根据建设项目"进度节点"与"时间节点"进行筹资，避免资金过早到位而多支付利息，以达到降低存贷比、降低筹资费用的目的。继续通过长债置换短债、高息置换低息等措施降低筹资成本。

（4）继续优化资产负债结构。科学编制资产负债结构优化方案，通过加大自有资金使用力度、降低应收款项和存货两项资金占用、提升闲置和低效资产使用效率等有效措施，实现资产负债结构不断优化。

4. 降供销成本

进一步优化营销渠道、运输方式、结算方式，降低销售成本。

5. 降薪酬成本

（1）严控人员职数。按照人力资源管理总体要求，合理配置领导班子和员工职数。果断清退非在册员工，合理清退外包工程队伍，高效地解决生产效率低、劳动用工多、人工成本高的问题。综合采用人员招聘、政策性退出、清理人员、对口支援、内部调剂等措施，大力压缩用工人数。

（2）严格薪酬分配。按照内部市场化总体要求和"效益决定工资"的基本原则，严格执行工资总额预算控制。合理优化工资分配方案，实现工资分配政策倾向生产一线、市场化程度高的创效单位。

6. 降税务成本

（1）认真梳理本单位生产经营各环节流程，从中发现涉税风险点和筹划点。实现业务板块间、经营区域间的税收联动，优化定价机制和交易模式，合理降低集团公司整体税负。

（2）根据清费立税政策，合理筹划，降低税费成本。

问题59：衰退期如何控制成本？

1. 衰退期成本控制问题

此时的企业成本，已经达到企业生命周期的顶峰，该阶段的管理重点已经不再是考虑如何产生规模效应，扩大经营成果，通过筹集资金进行项目投资，而是如何将成本过高、债务压力过大、杠杆经营经济效益小于财务杠杆负面影响的业务扭转乾坤，对企业的生死存亡做出正确抉择，使企业活下去。

2. 衰退期成本控制对策

衰退期的成本已经从经营成本和融资成本的此升彼降，变成了同时上升。此时应以精益价值链管理为主，以预算管理和现金流量为辅，以价值链的经营成本为切入点，对非增值的作业做进一步剔除，同时加大增值作业的力度；尽量保留高水平、高能力的员工和管理人员，对水平和能力不够的员工做出妥善安置，精简机构和人员，压缩经营成本，减轻经营负担。

在经营成本得到控制后，尽量少融资或不融资，并提高销售净利率和总资产周转率，使总资产净利率得到提高；减轻经营带来的压力后，进一步降低融资成本，降低资产负债率和权益乘数，从而消除财务杠杆的负面效应。再通过对竞争环境、市场、业务、竞争力量进行分析和考量，对资产、经营范围、关联方进行整合与重组，成功使企业进入新的企业生命周期，并保持稳定、较快的发展。

第三周　目标成本管理

当前，企业面临的外部环境发生了明显的变化，比如客户需求多样化、产品生命周期缩短、竞争环境日益激烈等，以市场为导向关注研发设计阶段的目标成本已成为企业的核心管理手段之一，企业通过目标成本法的运用可产生更大的价值和利润。

问题60：什么是目标成本管理？

1. 何谓目标成本

目标成本是企业在成本预测的基础上制定的未来应达到的成本水平，同时也是企业成本管理的奋斗目标。企业确定目标成本的意义如图 4-10 所示。

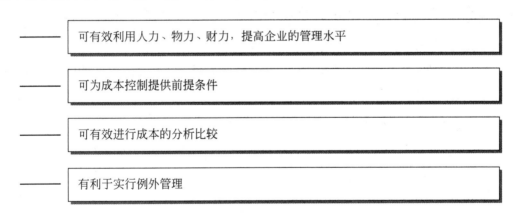

可有效利用人力、物力、财力，提高企业的管理水平

可为成本控制提供前提条件

可有效进行成本的分析比较

有利于实行例外管理

图 4-10　企业确定目标成本的意义

2. 何谓目标成本管理

目标成本管理是在企业预算、成本预测、成本决策、目标成本测定的基础上，根据企业的经营目标，对目标成本进行的分解、控制分析、考核、评价等一系列成本管理工作。

目标成本管理是以管理为核心、核算为手段、效益为目的，对成本进行事前测定、日常控制和事后考核，从而形成一个全企业、全过程、全员的多层次、多方位的成本体系，以达到少投入多产出、获得最佳经济效益的目的，因而深受企业领导者的青睐。

问题61：目标成本管理的原则是什么？

目标成本管理是全员参与、以管理目标为导向、对企业生产经营全过程实施全方位控制与优化的成本管理体系。其突出特点是全员参与目标管理，要求企业全体员工都投身到企业成本目标的制定、分解、监督、执行和评估中，形成系统优化和持续改善的成本管理机制，以提升企业的成本管理水平和成本竞争优势，其原则如图 4-11 所示。

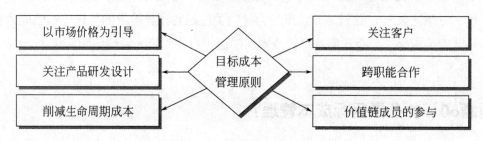

图 4-11 目标成本管理的原则

1. 以市场价格为引导

目标成本管理体系通过竞争性的市场价格减去期望利润来确定目标成本，价格通常由市场上的竞争情况决定，而目标利润则由企业及其所在行业的财务状况决定。

2. 关注客户

企业应在产品及流程设计决策中同时考虑客户对质量、成本、时间的要求，并以此为指导开展目标成本管理。

3. 关注产品研发设计

企业应在产品研发设计阶段投入更多的时间，消除那些成本高而又费时的暂时不必要的改动，以缩短将产品投放到市场上的时间。

4. 跨职能合作

目标成本管理体系下，产品与流程团队由来自各个职能部门的成员组成，包括研发设计部门、生产部门、销售部门、采购部门、成本会计部门等。所有跨职能团队都要对产品负责，而不仅仅是各司其职。

企业在开展全员目标成本管理活动时，应按照员工的岗位责任和职责，设计出相应的成本目标。企业在进行全员目标成本管理的过程中，首先要划分成本控制实体，应根据企业生产工艺的特点和职能部门、各类人员的职权范围，在企业内部划分出若干不同层次的责任实体，形成一个纵横相交的控制体系。

5. 削减生命周期成本

目标成本管理关注产品整个生命周期的成本，包括购买价格、使用成本、维护与修理成本和处置成本。它的目标是使生产者和联合双方的产品生命周期成本最小化。

6. 价值链成员的参与

目标成本管理过程有赖于价值链上全体成员的参与，包括供应商、批发商、零售商和服务提供商等。

问题62：目标成本管理的措施有哪些？

目标成本管理是目标管理和成本管理的结合。企业进行目标成本管理的关键措施如图 4-12 所示。

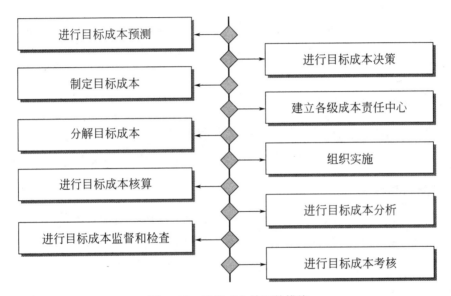

图 4-12　目标成本管理的措施

1. 进行目标成本预测

目标成本预测是指根据有关资料，运用一定的方法，对将来不同情况下可能发生的成本及成本的变化发展趋势进行测算。有效的目标成本预测可以为目标成本决策、目标成本计划和目标成本控制提供及时、有效的信息，避免决策、计划和控制中的主观性、盲目性和片面性。

2. 进行目标成本决策

目标成本决策是指在目标成本预测的基础上，结合相关资料，综合运用定性和定量方法，确定最优成本效益方案。企业在经营活动过程中要进行各种决策，如建厂、改建、扩建、技改的决策，新产品设计决策，合理下料的决策，自制或外购零件的决策，经济采购批量的决策，薄利多销的决策，等等。

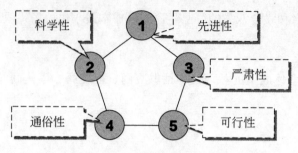

图 4-13　制定目标成本的原则

3. 制定目标成本

目标成本的制定要遵循图 4-13 所示的原则。制定科学合理的目标成本是成本控制的前提和基础，也是目标成本管理贯彻实施的关键。

在目标成本预测与决策的基础上，企业要通过一定的程序，运用一定的方法，以货币形式对计划期内产品的生产耗费和各种产品的成本水平设定标准，并以书面文件的形式确定下来，作为目标成本执行和检查考核的依据，这就是制订目标成本计划。

> **小提示**
>
> 通过制订目标成本计划，企业可以在降低产品成本方面提出明确的目标，从而推动自身加强目标成本管理，明确成本责任，挖掘员工潜力。

4. 建立各级成本责任中心

为实行行之有效的目标成本管理，企业要明确划分和建立各级责任中心，以分清各个部门的职能，正确评价其业绩，从而为目标成本计划的贯彻落实提供组织保证。

5. 分解目标成本

为明确责任，使目标成本成为各级奋斗的目标，在确定目标成本后，企业应对其进行自上而下的逐级分解。企业在分解目标成本时要贯彻可控性原则，凡上级可控而下级不可控的成本，都由上级控制，不再向下分解，同级之间谁拥有控制权就分解给谁。

6. 组织实施

目标既定，上级人员就应放手把权力交给下级成员，自己去抓重点的综合性管理。完成目标主要靠执行者的自我控制，而上级的管理应主要表现在指导、协助、提出问题、提供信息和创造良好的工作环境等方面。

7. 进行目标成本核算

企业要根据产品成本对象，采用相应的成本计算方法，对生产成本进行汇集与分配，从而计算出各种产品的实际总成本、实际单位成本和责任成本，这个过程即称为目标成本核算。目标成本核算既是对产品实际费用进行如实反映的过程，也是对各责任部门各种费用进行控制的过程。

8. 进行目标成本分析

企业要以核算后的目标成本及其他有关资料为基础，运用一定的方法，揭示目标成本水平的变动，并通过对影响目标成本水平变动的各种因素及责任部门和个人的研究分析，提出积极的建议，以进一步降低产品成本。

9. 进行目标成本监督和检查

企业要加强对目标成本的监督，通过检查企业目标执行的各项工作，找出问题，明确责任，从而保证成本制度和财经纪律的贯彻执行，并改进目标成本管理。目标成本检查的内容一般包括图 4-14 所示的内容。

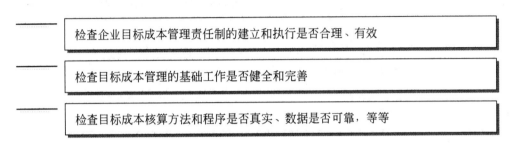

图 4-14　目标成本检查的内容

10. 进行目标成本考核

企业应定期对目标成本计划及有关指标的实际完成情况进行总结和评价，这样可以鼓励先进，鞭策后进，监督和促进自身加强成本管理、履行成本管理责任、提高目标成本管理水平。目标成本考核大多是在企业内部车间、部门、班组、个人之间进行的。

第四周　成本管理信息化

信息化作为先进的管理技术与现代信息技术结合的产物，将企业的物流、资金流、信息流有效地集成在了一起，为成本管理提供了高效的数据收集、处理和传递平台，以支撑成本预测、决策、控制、考核等关键环节的开展。

问题63：传统成本管理有什么缺陷？

在传统模式下，企业的成本数据与业务无法集成，尤其在成本的综合分析、预测和控制等方面受到一定限制，不能实现成本管理的准确性和快捷性，具体如图 4-15 所示。这些缺陷都会使企业的成本增加。

1 成本数据核算不准确

成本数据核算主要依赖人工，可能存在人为原因造成的费用分摊不科学、产品成本核算不准确的情况，导致产品成本虚高或虚低

2 成本核算滞后

由于缺乏实时的成本信息，成本核算周期长，成本核算分析不及时，企业不能及时获得经营决策信息，难以应对瞬息万变的市场形势

3 现场成本管理不到位

传统成本管理模式下，企业无法将一线生产信息与成本数据有效结合，无法实施有效的现场成本管理，对作业区、班组等基层组织的成本管理职能相对弱化

图 4-15　传统成本管理的缺陷

问题64：成本管理信息化有什么好处？

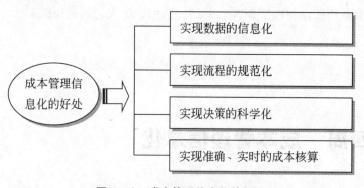

图 4-16　成本管理信息化的好处

企业实现成本管理信息化有图 4-16 所示的好处。

1. 实现数据的信息化

长久以来，成本数据的归集要依靠手工进行，部门之间成本数据的交互依靠纸质媒介进行，成本数据的统计、查询、分析难度很大，而成本管理信息化可让企业方便地进行某一方面成本数据的归集、分析、查询。成本管理系统将各种与成本相关的数据以一定的数据格式录入计算机，并以数字的形式保存起来，相关部门和人员可以随时进行成本的归集、查询、分析。

此外，各相关部门的成本数据能通过成本管理系统实现共享，从而实现数据的信息化。

2. 实现流程的规范化

目前，成本管理工作中普遍存在操作流程不规范的现象，造成了成本浪费、成本管理低效及管理漏洞。成本管理信息化作为一种管理手段，可以将企业已经规范的一些科

学成本管理流程以软件程序的方式固化下来，使得相关流程中员工的工作更加规范高效，既减少了人为控制和非科学决策，同时也堵住了管理漏洞。

3. 实现决策的科学化

传统的成本管理手段缺乏对成本对象的定量分析，使得决策往往依靠管理者的个人经验。另外，管理者要等每个月的报表出来后才知道哪个环节的成本超了、哪个环节的成本省了，若此时才决策，为时已晚。而且这种凭经验决策及事后决策的方法与市场经济的发展是极其不相适应的，企业根本无法控制成本。

成本管理信息化后，通过对原始成本数据进行科学的加工处理，并运用一定的计算模型，企业能实现成本管理事前计划、事中控制、事后分析等全过程的定性、定量分析。更重要的是，通过这些定性、定量分析，管理者对成本过程控制中的薄弱环节能做到心中有数，及早应对。

此外，信息化的成本管理系统可实时动态地进行成本数据的归集、查询，从而真正对成本管理的科学决策起到支持作用，从某种意义上来说，成本管理信息化是成本管理的决策支持系统，可以辅助管理者进行科学决策。

4. 实现准确、实时的成本核算

成本管理信息化从根本上消除了各业务部门间的"隔离"状态，财务部门不但能了解成本产生的全部过程，而且对于各相关业务部门的每一个作业，财务部门都能做出相应的反应。

比如，材料部门在记录一笔材料出库、退库的同时，财务部门也得到了这个信息，并将相应的材料费用计入实际成本；经营部门每结算一笔款项，财务部门就记录相应的应付账款，等等。

正是这种成本数据信息的通畅、透明，才使成本的准确、实时核算成为可能。

问题65：成本管理信息化的关键环节是什么？

企业应发挥信息化在成本管理中的重要作用，抓住图4-17所示的成本管理信息化的关键环节，建立长效机制，持续改善和推进成本管理信息化工作。

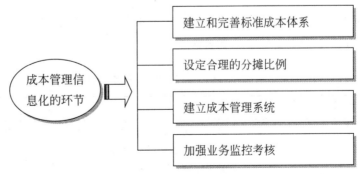

图 4-17　成本管理信息化的四大环节

1. 建立和完善标准成本体系

企业在进行成本管理信息化的过程中，应该建立和完善标准成本体系。企业在建立和完善标准成本体系时，要注意将生产目标与生产实际有机结合起来，依据企业工艺技术规范、生产操作规程、历史消耗数据、实测数据、经营管理水平等因素，为各成本中心及产品制定合理的数量标准，然后再将数量标准价值化。

2. 设定合理的分摊比例

成本管理信息化系统中，公共费用通过分摊或分配方式计入相应受益的生产性成本中心，从而确保费用最终归集到生产订单上。因此，分摊比例的合理性将直接影响成本核算的准确性。企业应根据生产性成本中心的受益情况，制定合理的分摊比例，月结时，系统可自动将公共费用按比例分摊到各生产性成本中心。

3. 建立成本管理系统

成本管理系统的功能包括成本基础数据管理、成本核算和成本统计分析。

（1）成本基础数据管理

要建立成本管理系统，首先必须具备大量详细、准确的基础数据，这些基础数据包括物料清单、工艺路线和工时定额等。成本管理系统有成本基础数据管理的功能，可以进行产品成本的计算。成本管理系统必须提供金融和非金融数据，以支持企业的战略决策。

（2）成本核算

成本核算过程中发生的费用，一部分会直接计入产品成本；另一部分会通过归集和分配程序，逐步汇总到产品成本中。企业通过成本管理系统核算成本时，要将产品划分为完工产品和未完工产品。完工产品的成本从产品成本账户中转出，进入销售成本账户，以计算销售利润。成本管理系统归集的费用包括生产过程中发生的各项费用，如材料消耗、人员工资、二级库存盘点盈亏、废品损失、制造费用等。

（3）成本统计分析

成本统计分析常用于评价企业成本定额的执行情况，揭示企业成本升降的原因，帮助企业找出降低成本的有效途径。成本统计分析包括成本报表、成本定额执行情况分析、成本指标分析等内容，如表4-4所示。

表4-4　成本统计分析的内容

序号	分析内容	具体说明
1	成本报表	成本报表是对成本信息进行综合加工的结果，用以反映企业资金消耗、产品成本构成及其升降变动等情况。成本管理系统常用的成本报表有完工产品单位成本明细表、成本汇总表、制造费用明细表等

续表

序号	分析内容	具体说明
2	成本定额执行情况分析	成本定额执行情况分析是把产品的实际成本与产品的定额成本进行比较分析，包括主要产品单位成本分析和可比产品成本计划完成情况分析等
3	成本指标分析	成本指标分析是将企业生产过程中的实际发生成本与成本计划进行比较，找出产生差距的原因，为成本控制提供依据

4.加强业务监控考核

对制造企业来说，信息化模式下的大量成本信息由业务集成产生，例如，成本中心的物料消耗由业务部门发料过账自动形成；设备的日常检修费用在费用确认时会自动匹配到相应受益的成本中心；系统在月结时会自动计算订单差异；运行物料账时会自动进行物料实际成本还原。因此，规范业务操作是保证成本信息准确无误的前提条件。

规范业务操作，最直接的方法就是加强业务监控考核和强化企业人员的系统知识。因此，企业应该成立专门的业务监控机构，制定信息化工作考核制度，对业务操作的规范性进行严格监督与考核，及时发现和处理系统问题，确保成本信息的有效性。

问题66：如何高效使用ERP系统？

企业资源计划（Enterprise Resource Planning，ERP）是一种主要面向制造行业进行物质资源、资金资源和信息资源集成管理的企业信息管理系统。它也是一种以计划为导向的先进生产管理方法。

1.ERP系统给企业带来的成本益处

据统计，使用ERP系统，可以为企业带来如下成本益处：

（1）库存水平下降30%～50%。企业的库存投资会减少40%～50%，库存周转率会提高50%。

（2）延期交货的情况减少80%。当库存减少并稳定的时候，使用ERP系统的企业，准时交货率平均提高55%，误期率平均降低35%，这就使销售部门的信誉大大提高。

（3）采购提前期缩短50%。采购人员有了及时准确的生产计划，就能集中精力进行价值分析、选择货源、研究谈判策略、了解生产问题，这样可缩短采购时间,节省采购费用。

（4）停工待料的现象减少60%。由于零件需求的透明度提高了，计划能够得到及时准确的实施，零件也能以更合理的速度准时到达，因此，生产线上的停工待料现象将会大大减少。

（5）生产成本降低12%。库存费用、采购费用的降低必然会引起生产成本的降低。

（6）管理水平提高。管理人员减少 10%，生产能力会提高 10% ～ 15%。

2. ERP 系统在应用中存在的问题

（1）ERP 系统管理误差

虽然企业使用 ERP 系统能实现企业成本的事前预测、事中控制、事后分析等一系列管理，但从企业成本管理的实际效果来看，ERP 系统在应用中还存在一些问题，其中最明显的便是稳定性较差，而在成本管理数据生产环节，灵活性也较差，因此，调整与控制的作用效果并不明显。加之 ERP 系统在事中控制环节缺陷明显，管控力不足，自然也会对成本管理的实际效果造成影响。需注意的是，由于 ERP 系统在运行环节的不稳定，时常会导致计算机录入及企业三流合一等环节出现误差。

（2）ERP 系统与企业成本管理模式结合效果不明显

将 ERP 系统应用到企业成本管理中非常必要，但在实际应用环节，由于成本信息、管理环境及管理模式等内容发生改变，企业管理者在 ERP 系统应用方面缺乏经验，使当前的 ERP 系统难以有效地同企业成本管理模式结合起来发挥作用。

（3）有隐蔽性成本

ERP 系统的应用对于企业而言存在隐蔽性成本，如教育培训成本、测试整合成本及咨询顾问成本等，若不对这些成本加以控制，必然会影响企业成本管理的质量。

（4）系统本身存在缺陷

ERP 系统在运行环节不稳定，除了管理者知识技能匮乏外，根本原因在于系统本身存在缺陷，如，缺少管理流程与生产重组功能，缺乏全面监管生产管理流程的功能等。

3. 有效改进策略

针对以上问题，财务经理应采取表 4-5 所示的策略进行改进。

表 4-5　有效改进的三大策略

序号	改进策略	具体说明
1	科学调整企业标准成本	企业应按照企业先行的成本管理信息制定详尽的内部管理流程，以缩小累计成本之间的差异。企业要想维持长期稳定的生产经营，就应按照生产实际需求适时调整标准成本，以避免出现差异过大的问题
2	强化车间产品成本核算力度	完成产品生产后，企业应将产出废品纳入成本核算范畴，但应将废品和产品区分开，单独进行计算，以确保核算的精准度。在具体的生产环节中，企业应根据制造费用、材料费用及人工费用等分摊成本，使每个产品都能合理地分摊生产成本，从而确保成本信息的质量
3	加大新产品形成成本的核算力度	企业在经营过程中必然会开发新产品，而开发新产品便意味着投入成本、消耗各种资源，企业在这一过程中应做好一系列的计算工作，以确保新产品的开发成本核算准确

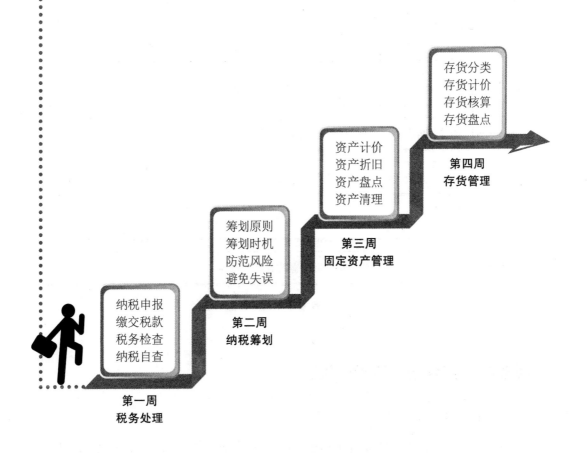

第五个月

税务与资产管理

存货分类
存货计价
存货核算
存货盘点

第四周
存货管理

资产计价
资产折旧
资产盘点
资产清理

第三周
固定资产管理

筹划原则
筹划时机
防范风险
避免失误

第二周
纳税筹划

纳税申报
缴交税款
税务检查
纳税自查

第一周
税务处理

第一周 税务事务处理

税务管理是财务经理日常工作的一个重要组成部分，只有做好了税务管理工作，才能为企业节省成本，提高经济效益。

问题67：如何收集最新财税信息？

税务信息收集主要是指企业外部税务信息的收集工作。通常情况下，财务经理可以通过图 5-1 所示的途径收集最新税务信息。

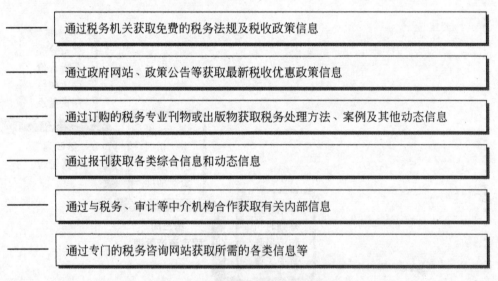

通过税务机关获取免费的税务法规及税收政策信息

通过政府网站、政策公告等获取最新税收优惠政策信息

通过订购的税务专业刊物或出版物获取税务处理方法、案例及其他动态信息

通过报刊获取各类综合信息和动态信息

通过与税务、审计等中介机构合作获取有关内部信息

通过专门的税务咨询网站获取所需的各类信息等

图 5-1 收集最新税务信息的途径

问题68：如何进行纳税申报？

1. 纳税申报时限

不同的税种，其申报期限也各不相同。作为财务经理，必须对本企业应缴哪些税种及这些税种的纳税期限有充分的了解，以便在期限之内安排人员进行纳税申报并缴交税款，避免带来涉税风险。

2. 纳税申报应提供的资料

纳税人、扣缴义务人、代征人应当到当地国家税务机关购领纳税申报表或者代扣代缴税款报告表、代收代缴税款报告表、委托代征税款报告表，按照表式内容全面、如实填写，并按规定加盖印章。

纳税人办理纳税申报时，应根据不同情况提供下列有关资料和证件：

（1）财务会计报表及说明材料。

（2）增值税专用发票领、用、存月报表，增值税销项税额和进项税额明细表。

（3）增值税纳税人先征税后返还申请表。

（4）外商投资企业超税负返还申请表。

（5）与纳税有关的经济合同、协议书、联营企业利润转移单。

（6）未建账的个体工商户，应当提供收支凭证粘贴簿、进货销货登记簿。

（7）外出经营活动税收管理证明。

（8）境内或者境外公证机构出具的有关证明文件。

（9）国家税务机关规定应当报送的其他证件、资料。

扣缴义务人或者代征人应当按照规定报送代扣代缴、代收代缴税款的报告表或者委托代征税款报告表，代扣代缴、代收代缴税款或者委托代征税款的合法凭证，以及与代扣代缴、代收代缴税款或者委托代征税款有关的经济合同、协议书。

3. 报税审核

财务经理可能并不需要亲自去报税，但在下属填写好了相关的报税表单以后，一定要对表单进行严格审核。

（1）纳税申报表的审核

①审核纳税申报表的填写内容是否完整，所附资料是否齐全。为了使税务机关全面了解纳税人的生产经营情况，应正确审核纳税人纳税申报的准确性，纳税人在报送纳税申报表、财务会计报表时，还应按照税务机关的要求报送其他纳税资料。

②审核纳税申报表的填写是否准确。一是表内有关项目填列的数字要与会计账表的数字相符；二是表内数字的计算准确，特别要注意项目之间的勾稽关系；三是纳税申报表与附表相关项目的填列要对应。

（2）完税凭证的审核

①填用票证是否符合规定，有无用专用缴款书、通用缴款书代替完税证自收现金税款的情况。

②征收的税款是否符合税法规定，使用的税率或单位税额是否正确，有无错征现象。

③计税是否正确，包括实缴税款及税款加成、减征、滞纳金的计算是否正确。

④各项目的填写有无错填、漏填、省略、涂改、挖补等情况，印章是否齐全。

⑤其他应审核的事项。

4. 退税凭证的审核

退税凭证的审核除了需要检查票证的填写是否完整、清晰，手续是否齐全等常规项目外，还需要重点审核以下几项：

（1）所退税款是否符合退税范围。退税直接冲减财政收入，根据财政部规定，属于下列范围的，可办理收入退库：由于工作疏忽，发生技术性差错需要办理退库的；改变企业隶属关系，办理财务结算需要退库的；企业超缴结算退库；弥补企业的计划亏损退库和政策性亏损的补贴退库；其他经财政部批准的退库项目。

（2）预算科目、预算级次和计算是否正确。

（3）以现金退税的，应在退税凭证上加盖"退付现金"的明显戳记。

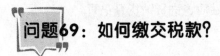

问题69：如何缴交税款？

税款缴纳程序根据不同情况会略有差别，具体说明如表 5-1 所示。

表 5-1　税款缴纳程序

类别	缴纳程序
完税申报税款缴纳	纳税人在每期申报纳税之前，要自行计算税款，并自行填开税收缴款书，到办税大厅银行窗口或纳税人开户银行缴纳税款（如用现金缴纳,需到相应窗口办理）
缴纳欠税	纳税人需到窗口打印税收缴款书，然后到纳税人开户银行或办税服务大厅银行窗口缴纳欠税（如用现金缴纳，需到相应窗口办理）
预缴纳税款	先到窗口开具预缴税款通知书，并打印税收通用缴款书，然后自行到开户银行缴纳税款
缴纳滞纳金	先到窗口开具加收滞纳金通知书，并打印税收通用缴款书，然后自行到开户银行缴纳滞纳金（如用现金缴纳，需到相应窗口办理）
缴纳罚款	持税务行政处罚决定书到窗口开具税收通用缴款书，然后自行到开户银行缴纳罚款（如用现金缴纳，需到相应窗口办理）
缴纳发票保证金和纳税保证金	持相关税务文书到相应窗口办理

问题70：如何进行税务检查？

对于税务局开展的税务检查，许多企业的财务经理会担心、惊慌。其实，这只是税务机关开展的正常执法行动而已，企业只要依法纳税，不去触碰政策红线，就可以从容应对。

因为许多企业对税法了解得不够，对自己拥有的权利知之甚少，所以就出现了图5-2所示的两种情况。

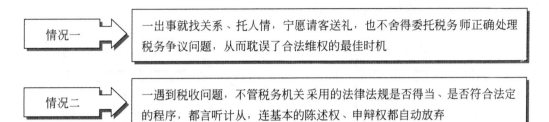

情况一 一出事就找关系、托人情，宁愿请客送礼，也不舍得委托税务师正确处理税务争议问题，从而耽误了合法维权的最佳时机

情况二 一遇到税收问题，不管税务机关采用的法律法规是否得当、是否符合法定的程序，都言听计从，连基本的陈述权、申辩权都自动放弃

图5-2　不了解税法的常见问题

因此，作为财务经理，为应对检查，应做好以下准备：

1. 全面了解税务稽查

财务经理对税务稽查要有比较全面的了解，以便寻找或者采取措施积极应对。

（1）税务稽查行为是基于税务检查权而发生的

税务检查的范围和内容，必须经税法特别规定。税务人员实施税务稽查，若其行为超过规定的权限范围，即属于违法的行政行为，不具有法律约束力，且不受法律保护，纳税人有权拒绝接受稽查。

（2）稽查程序环节

稽查程序一般包括四个环节，即选案、检查、审理、执行。这四个环节必须分离，以确保执法的公平、公正。

这里重点介绍稽查执行，因为稽查执行是认定违法事实的关键环节。在实施税务稽查之前，税务机关会提前发出"税务检查通知书"，并附"税务文书送达回证"给被查纳税人。

企业要充分利用纳税检查前的这一段时间，对企业上一年度的纳税情况进行一次较为全面的自查。

①如果发现问题，一定要及时纠正，以免引起不必要的税务处罚和税务负担。

②在接受检查的过程中，要重视会计凭证、会计账簿、会计报表、纳税申报资料的整理、装订、标识、保管等基础工作，因为这是税务人员的主要检查内容。

③如果群众举报或税务机关有根据认为纳税人有税务违法行为，或者被查企业妨碍检查的，税务机关可在发出书面通知的同时实施检查。

> **小提示**
>
> 出现这种情况，企业在积极配合税务机关做好纳税检查的同时，要正确运用法律赋予纳税人的权利来维护自己的正当权益。

2. 明白被查纳税人的权利

纳税人有接受税务检查的法定义务，同时对违法的税务稽查也有拒绝的权利——拒绝检查权。税务稽查中纳税人享有的权限如图 5-3 所示。

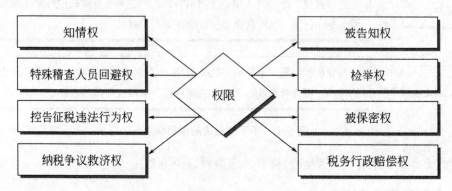

图 5-3　税务稽查中纳税人享有的权限

纳税人只有全面了解税务稽查，弄清自己的法定权利与义务，才能避免不必要的税务处罚和税务负担，减少不必要的税务麻烦，从而最大限度地降低税务成本和风险。

3. 利用"税收救济法律制度"维护自身权益

"税收救济法律制度"可分为行政救济和司法救济两部分，由税务行政复议制度、税务行政诉讼制度和税务国家赔偿制度三方面组成。

相比而言，税务行政复议制度不需要纳税人承担任何费用，而且程序简便快捷，受案范围较广，补救措施更加宽泛，极大地方便了纳税人的复议申请。这里重点介绍税务行政复议制度在纳税人权利保护方面的作用。

行政复议是纳税人保护自身权益的重要手段。税务行政复议制度在保护纳税人权利方面的作用主要表现为以下四个：

（1）一种内部约束机制。它是征税主体为防止和纠正自己的违法或不当行政行为而设计的制度，既不是纯粹的行政行为，也不是纯粹的司法行为，而是一种行政司法行为，即准司法行为。司法程序和行政程序融于一体，消除了行政程序的专断和司法程序的烦琐。

（2）专门为保障纳税人权益而设计的制度。它的发起程序简便快捷，只要纳税人主观上认为其合法权益受到侵害即可提出复议申请。

（3）受案范围广泛，兼具合法性、合理性审查。复议机关不仅可以审查违法的税收行政行为，也可以审查不当的税收行政行为；不仅可以审查具体的税收行政行为，也可以附带审查抽象的行政行为。

（4）补救措施更宽泛。复议机关可以撤销、变更，甚至代替原税务机关做出新的决定；复议申请更为方便，纳税人可以减少顾虑。

问题71：如何进行纳税自查？

企业对自己的情况熟悉，通过纳税自查容易发现问题，收效较快，还可以增强纳税的自觉性。但是，稍有疏忽，自查就会流于形式，查得不深不透，容易出现走过场的现象。

1. 何时开展纳税自查

（1）日常纳税自查

企业在纳税自查时，应检查税务登记，发票领购、使用、保存，纳税申报，税款缴纳，财务会计资料等情况。企业可依照税法的规定进行自查，也可委托注册税务师代为检查。对于涉税疑难问题，应及时向税务机关咨询。

企业自查要查深查透，以免在税务机关稽查后，被追究行政和经济责任，甚至被移送司法机关追究刑事责任。

此外，企业还要检查自身的合法权益是否得到了充分保障，是否多缴纳、提前缴纳了税款等，这有利于改善经营管理，加强经济核算，依法纳税。

（2）专项稽查前纳税自查

税务机关根据特定的目的和要求，往往需要对某些特定的纳税人或对纳税人的某些方面或某个方面进行专项稽查。企业可根据国家发布的税收专项检查工作方案规定的稽查重点和稽查方向进行自查。

（3）汇算清缴中纳税自查

企业应将所得税申报收入总额与流转税申报收入总额进行对比，检查纳税调整项目的涉税处理、财务报表主附表的勾稽关系等。

2. 纳税自查的内容

一般企业在纳税自查时，需要重点检查以下几个项目：

（1）检查涉税处理是否恰当。

（2）检查是否存在纳税管理漏洞、隐患、薄弱环节、不足之处。

（3）账簿、凭证（发票）管理方面的纳税风险自查自纠。

（4）税款缴纳、纳税申报、汇算清缴等方面的风险自查自纠。

（5）合同签订中纳税风险的自查自纠。

（6）合同、协议等涉税条款的风险自查。

（7）纳税筹划方面的风险。

（8）实施纳税筹划过程中企业应注意的相关事项。

第二周 纳税筹划

税收筹划又称节税，是指纳税人在既定的税法和法治框架内，从多种纳税方案中进行科学、合理的事前选择和规划，以减轻税负的一种财务管理活动。

问题72：税务筹划的原则是什么？

合理避税是纳税人在熟知相关税法的基础上，在不违反税法的前提下，通过对筹资活动、投资活动、经营活动进行巧妙安排，达到规避或减轻税负的行为。作为一名财务经理，要想合理避税，就必须对纳税进行筹划，即在合理、合法的范围内，进行技术层面的操作。

一般来说，税务筹划应遵循图 5-4 所示的原则。

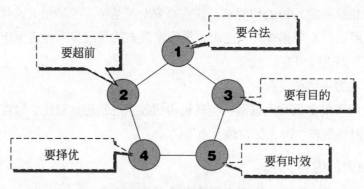

图 5-4　税务筹划的原则

1. 要合法

企业纳税筹划的本质是一种法律行为，要在税收政策的框架下筹划活动。即在国家法律许可范围内，以税法为依据，深刻理解税法精神，制定出税负最低、合理又合法的应税方案。纳税筹划有别于避税、偷税、骗税、逃税等行为。

2. 要超前

企业纳税筹划行为相对于企业纳税行为而言，具有超前的特点。在现实的经济活动中，纳税义务的发生具有滞后性。纳税筹划是在纳税义务确立之前所做的经营、投资、理财的事先筹划与安排。如果经济活动已经发生，应纳税款已确定，就必须严格依法纳税，此时再进行纳税筹划，已失去现实意义。

3. 要有目的

企业纳税筹划的目的是最大限度地减轻税收负担、取得节税利益。企业的节税利益可从两方面获取：一是选择低税负或总体收益最大的纳税方案；二是滞后纳税时间。但纳税筹划不能为了节税而节税，必须与企业财务管理的根本目标保持一致，为实现企业价值最大化服务，为实现企业发展目标服务。

4. 要择优

择优性是纳税筹划特有的一个特点。企业在经营、投资、理财活动中面临几种方案时，应选择税负最佳的一种方案，以实现企业最终的经营目的。对纳税方案择优选择的标准不是税负最小化，而是企业价值最大化。

5. 要有时效

国家税收政策是随着政治、经济形势的不断变化而变化的。因此，在进行纳税筹划时，必须随时关注税收政策的变化，适时地做出相应的调整，注重税收政策的时效性。

问题73：税务筹划的关键时机是什么？

企业从设立到经营的过程中，有一些关键点对纳税筹划非常有利，把握住这些机会，往往会使纳税筹划的难度降低，取得更好的筹划效果。

1. 投资设立时

投资设立时是纳税筹划的一个关键点，因为：

（1）企业的性质不同，税收政策也不相同。例如，内资企业和外资企业在所得税方面就有很大的差异；公司制企业和合伙制企业在征收的税种上也有很大的差异，合伙制企业不缴企业所得税，只缴个人所得税。

（2）企业设立的地域不同，税收政策也不相同。同样是生产性外商投资企业，设在经济技术开发区的税率为 15%，而设在经济开发区所在城市老市区的税率就为 24%。

（3）企业从事的行业不同，税收政策也不大相同。如，软件企业就有很多的税收优惠。

（4）企业使用的人员不同，税收政策也有差异。如，安置残疾人、下岗职工、随军家属等就能获得相关的税收优惠。

2. 企业合并、分立时

企业的合并与分立，不仅是比较复杂的法律事务，也是比较复杂的涉税业务。企业不同的合并、分立方式，对企业纳税的影响也不相同。因此，财务经理在企业进行合并、分立时，必须对税收政策进行充分的调研，制定最优的纳税方案，从而达到规避风险、降低税负的目的。

3. 重大政策调整时

税收政策的重大调整，对企业的影响是非常大的。如果不及时了解这些税收政策的变化，就可能对企业造成一定的负面影响。

4. 对外签订重大合同时

企业对外签订重大合同时，合同中的很多条款都会直接与税收发生关系。比如，付款方式是采取预付货款，还是分期付款，这些条款不同，企业纳税义务发生的时间就不一样。再比如，合同是否属于应税合同，是否贴花，如何贴花等，这些直接关系到企业是否征税，征什么税种，税率是多少。因此，企业对外签订合同时，也是企业纳税筹划的关键点，企业应建立涉税合同报批制度，以达到纳税筹划的目的。

5. 非常规业务发生时

企业的非常规业务，由于不经常发生，财务人员没有相应的税收概念，反而容易出现税收问题。例如，企业注册资金发生变化时，很多财务人员就忘了印花税。这些业务与企业正常业务相比，不经常发生，如果不进行纳税筹划，或设计纳税方案，就可能导致纳税风险，甚至错失纳税筹划的时机。

问题74：如何进行税收筹划?

合理地进行税收筹划，对企业来说可以减少纳税额。但是，有些问题还应仔细研究，以免触及法律。税收筹划应注意以下四个问题：

1. 熟悉税法

企业应对税法非常熟悉和充分理解，能够区分什么是合法，什么是非法，以及合法与非法的临界点；并在总体上确保企业经营活动和有关行为的合法性，知晓税收管理中的固有缺陷和漏洞，为企业节税、合理避税提供必要的保障。

2. 通晓征税方法

企业要对税务机关征收税款的具体方法和程序有深入的了解和研究，在税收征管程序上寻找对企业有益的地方，从而为企业更好地节税、合理避税创造有利条件。

3. 了解"合理与合法"的界定

法律条文的权威性不容置疑，税法的执法实践对纳税人的纳税起着切实的引导作用。企业全面了解税务机关对"合理和合法纳税"的法律解释，是合理避税的前提。

4. 考虑避税效益和避税成本

企业必须具备一定的经营规模和收入规模，才有纳税筹划的必要性。如果企业经营规模较小，缴纳税种单一，税务筹划很可能会增加企业的费用支出，尽管筹划人员花费了时间和精力，但还是达不到效果。

问题75：如何防范税务风险？

1. 税务风险现状与成因分析

税务风险现状与成因分析，具体如图 5-5 所示。

对税收法规不熟悉，以会计思维处理涉税问题，没有理解会计制度与税法之间的差异。常见的因不懂税法而形成的风险误区有：利息、价外费用、视同销售、不注意扣除方面的那些规范性和限制性规定

有的税务风险则是企业有意为之，如虚开增值税发票，不列、少列收入（收入不入账或挂往来账），虚列、多列支出（扣除不真实费用、虚列成本费用）等

企业的业务流程完成后，财务部发现流程本身造成了风险或者存在多缴税问题，会通过在账上造假来掩盖前面发生的业务过程，编制出另外一种业务来达到少缴税或者规避风险的目的

依靠与税务局的特殊关系，不重视涉税账务处理，随意为之。一些企业传统地认为只要把税官搞定，就可以随意纳税，殊不知这种做法会产生严重的后果

图 5-5 税务风险现状与成因分析

2. 税务风险评估方法

财务经理可以运用数据信息对比分析的方法，对企业履行纳税义务的真实性、准确性、合法性进行综合分析，做出定性判断；也可以运用指标（比较）分析法，根据企业财务报表所载数据的内在关联性，通过趋势性、相关性和结构性的对比分析，设计出能对涉税异常情况进行判断的纳税评估指标和参数值，并按照指标测算结果分析判断涉税问题的性质。

纳税评估的指标主要包括综合指标、税种指标、行业指标三种。其中，综合指标分为收入类评估分析指标、成本类评估分析指标、费用类评估分析指标、资产类评估分析指标。

3. 税务风险识别和诊断程序

（1）收入类项目的税务风险识别和诊断程序

① 编制收入分析表，列示产品或服务类型，区域或部门，境内或境外，自销、代

销或受托加工。

② 将收入分析表与总账、明细账及有关申报表进行核对。

③ 对合同订单及生产经营情况进行系统分析，初步审阅收入分析表分类的准确性和完整性，并初步评价增值税、消费税等税目的准确性。

④ 采用分析、复核方法，分析业务收入的变动趋势。

⑤ 将收入账与银行存款、应收账款进行总额核对，以确认收入总体的合理性。

⑥ 确认业务收入会计处理的准确性。

抽样销售业务，从原始凭证到记账凭证、销售、应收账款、现金、银行存款、应收票据、存货等明细账进行全过程审阅，核对其记录、过账、加总是否正确。

◇购销双方以货易货，相互有无不开票的情况。

◇有无将主营收入转入"其他往来"账户长期挂账。

◇有无将销售边角废料的收入直接冲减"原材料"账户。

◇有无将运费收入直接冲减"管理费用"账户。

◇企业专项工程、搞福利使用本企业产品时，有无直接冲减"产成品"账户。

◇有无收取现金不入账（对外零售材料产品，残次品边角料、废料等）的情况。

◇有无将产品内部销售（出售给职工）的收入直接冲减"制造费用"账户。

⑦ 审阅收入的确认时间是否正确。

⑧ 确认收入计价的合理性：是否存在价格明显偏低而无正当理由的情况；价格浮动（促销）政策是否合理。

⑨ 确认销售退回、折扣与折让处理的准确性。

⑩ 截止性测试。

 相关链接

截止性测试

第一，审阅决算日前后若干日的出库单（或销售发票），观察截至决算日的销售收入记录有无跨年度的现象。

第二，审阅决算日后所有在决算日前销售的退回记录，审阅决算日后的销售是否列作决算日前的销售（即违反合同提前发货）。

第三，结合对决算日应收账款的函证，查看有无未经认可的巨额销售。

第四，审阅结账日后的收入记录，与销售发票、运输凭证相核对，查明有无已记收入而物品尚未发出或物品已经发出而未记收入的情况。

第五，调整重大跨年度销售项目及金额。

（2）成本类项目的税务风险识别和诊断程序

① 评价内部控制制度是否有效且被一贯遵守。

② 审阅产品销售成本的计算方法是否符合税法规定，并前后期一致。

③ 编制销售成本与销售收入对比分析表，并与有关明细账进行核对。

④ 各月销售成本与销售收入的比例及趋势是否合理，如有不正常的波动，则应查明原因，做出正确处理。

⑤ 根据产品销售成本与生产成本、在产品、产成品的勾稽关系验证销售成本总体的准确性。

勾稽关系公式如下：

生产成本 + 在产品年初余额 - 在产品年末余额 + 产成品年初余额 - 产成品年末余额 = 产品销售成本

⑥ 审阅销售成本明细账，复核计入销售成本的产品品种、规格、数量与销售收入的口径是否一致，是否符合配比原则。

⑦ 选取年末前两个月的销售成本进行截止性测试，审阅是否存在人为操纵期间成本的情况。

⑧ 审阅销售成本账户中重大调整事项（如销售退回、委托代销商品）是否合理。

⑨ 结合存货、收入项目的审阅，确认销售退回是否相应冲减了销售成本。

⑩ 审阅在享受税收优惠政策时，是否将销售成本转入已进入纳税期关联企业的销售成本。

（3）税前扣除类项目的诊断程序

税前扣除类项目诊断程序的具体内容如表 5-2 所示。

表 5-2　税前扣除类项目的诊断程序

检查项目	具体内容
税前列支的合法性、真实性	（1）检查所附的原始凭证是否真实、合法，有无使用白条入账，有无假发票或供货单位与发票上印章不符的发票 （2）有无将未真实发生的费用和与经营无关的费用在税前列支，如总机构发生的贷款利息在分支机构列支，其他关联企业的费用在本企业费用中列支
税前列支是否超标	（1）检查工资总额的准确性 （2）检查福利费、工会经费、广告／业务宣传费、招待费列支是否超出规定标准 （3）有无故意混淆会计科目挤占列支的情况，如将应在工资、福利费及工会经费中列支的费用计入其他费用科目；将应在业务招待费中列支的餐费、礼品等招待性费用记入生产／劳务成本及其他成本费用科目
资产折旧与摊销	（1）应作为固定资产管理的设备是否一次性计入成本费用，固定资产折旧方法、折旧年限、残值率的使用是否得当 （2）自创或购买的商标等无形资产是否按规定年限摊销 （3）固定资产的改建或大修支出是否按规定计入资产原值并进行摊销处理

续表

检查项目	具体内容
违规支出	（1）资本性支出 （2）无形资产受让、开发支出 （3）违法经营的罚款和被没收财物的损失，各种税收滞纳金、罚金和罚款 （4）自然灾害或者意外事故损失有赔偿的部分 （5）不符合规定的捐赠及各种赞助支出 （6）无经营需要而提供的担保支出 （7）未经税务审批的资产损失支出 （8）与取得收入无关的其他各项支出 （9）超出规定的利息支出 （10）老板、股东的个人消费性支出

4. 税务风险控制与管理的主要内容

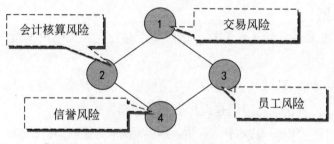

图 5-6　税务风险控制与管理主要内容

税务风险控制与管理的主要内容如图 5-6 所示。

（1）交易风险

交易风险是指企业各交易行为和交易模式可能影响纳税准确性，从而导致未来税务处罚的风险，主要包括以下三个方面：

①重要的交易过程没有企业财务部门的参与，并缺乏适当的程序去评估和监控交易过程中的纳税影响。

②企业在对外并购的过程中，由于未对被并购对象的纳税情况进行充分调查，导致并购完成后才发现被并购企业存在以前年度大额偷税问题，因而不得不额外承担被并购企业的补税和罚款等责任。

③企业在采购原材料的过程中，由于未能对供货方的纳税人资格有效管控，导致无法从供货方取得发票或取得了虚开的增值税发票，因而不得不额外承担不能抵扣的进项税额和增加的原材料成本。

（2）会计核算风险

会计核算风险是指企业因未能准确核算应纳税款而导致未来税务处罚的风险，主要表现在图 5-7 所示的两个方面。

图 5-7　会计核算风险的表现

（3）员工风险

员工风险是指因人为原因而导致企业未来利益损失的风险，例如，财务岗位员工的频繁变动、员工丰富的工作经验未能被书面留存、企业缺乏定期的员工技能培训制度、企业缺乏有效的员工奖惩机制。员工风险应该是所有税务风险的根本，也是最难控制和管理的。

> **小提示**
>
> 员工风险可能造成的影响：员工缺乏责任心；企业未按规定进行涉税处理或未及时申报纳税；经验丰富的财务人员离职，继任者需要从头开始学习纳税业务。

（4）信誉风险

信誉风险对企业的影响是深远的、无法计量的，是指企业税务违规行为使外界对企业信誉产生怀疑，并导致未来利益损失的风险，例如，企业的知名度较高，管理层习惯打税务"擦边球"；企业未能和税务机关以及媒体保持良好的公共关系。

> **小提示**
>
> 发生信誉风险可能会造成企业因欠税被税务机关公告，因偷税问题被媒体曝光，从而引发政府部门的不信任、合作伙伴的撤资、公众的指责。

5. 税务风险的控制措施与管理方法

（1）财务部应参与企业战略规划、重大经营决策、经营模式和经营协议的研究与制定，应通过纳税结果预测、风险因素分析、税务执法环境评价等步骤，分析经营活动及业务流程中可能出现的税务风险，及时调整和完善经营行为与流程，制定相应的风险规避与管理措施，并跟踪和监控相关活动的全部过程。

（2）财务部应协同相关职能部门，管理日常经营活动中的税务风险，主要包括以下四个内容：

①参与制定或审核企业日常经营业务中涉税事项的处理方法和规范。

②制定各项涉税会计事务的处理流程，明确各自的职责和权限，保证对税务事项的会计处理符合相关的税收法规。

③制定和完善纳税申报表的编制、复核、审批以及税款缴纳程序，明确相关职责和权限，保证纳税申报和税款缴纳符合税法规定。

④按照税法规定，真实、完整、准确地准备和保存相关涉税业务资料，并按相关规定进行报备。

（3）定期进行税务风险评估和诊断。

（4）与税务机关及其他相关单位保持有效的沟通，及时收集和反馈相关信息；同时，建立和完善税法收集与更新系统，及时汇编企业适用的税法并定期更新。

（5）定期对涉税环节的经营人员和涉税会计人员进行培训，不断提高其业务素质和税务风险意识。

问题76：如何避免纳税失误？

有的企业可能会出现"缴了不该缴的税"的情况即纳税失误，从而使企业产生经济损失。因此，财务经理必须尽量避免纳税失误，如果出现了此情况，则要及时采取积极措施解决。

1. 纳税失误的成因

纳税失误的根本原因是财务部未能及时掌握和应用税收法规政策。税收法规是国家制定的、指导税收分配活动和处理各种税收分配关系的基本方针和基本准则。我国的税收法规体系复杂，法规文件数量庞大，法规政策调整较快，同一项经济行为有若干条税收规定。因此，企业很难全面、及时地了解和掌握这些税收法规。

另外，决策层与高管层（老板）缺乏税收意识，在制定经营策略时，忽视了税收的调节作用；企业财务人员没有完全掌握税务会计业务；中介机构缺乏对税法的掌握能力与职业责任心等原因也会造成纳税失误。

2. 避免纳税失误的措施

要避免纳税失误，财务经理可从图 5-8 所示的几个方面着手。

提高纳税方案规划与设计能力

纳税方案规划与设计能力逐步提高，在经营目标、经营模式与行为、纳税负担三者之间找到一种最佳的联系方式

提高纳税会计业务能力

纳税会计业务能力快速提高的前提条件是相关人员培训与激励制度的合理确立和良性运行

与税务局建立良好的工作关系

企业一定要与税务局建立良好的工作关系，这样才能在第一时间获取税收相关的最新政策

引进专业的外部顾问机构

> 如果企业财务部门对税务不是很精通，可以引进专业税务顾问机构，来避免纳税失误的情况出现

面对税务局的错误执法，要敢于说"不"

> 为了平衡纳税人的弱势地位，保障纳税人的合法权益不因税务机关滥用职权而受到侵害，国家通过相应的法律与政策为纳税人提供了基本的权利

图 5-8　避免纳税失误的措施

第三周　固定资产管理

固定资产管理是财务工作的一个重要组成部分，财务经理要严格履行职责，加强固定资产的日常管理，及时核对资产明细账与固定资产卡片，定期组织资产清查盘点，保证账物相符；同时要对固定资产的预算、采购计划、维修与保养等做到心中有数。

问题77：固定资产包括哪些？

1. 固定资产的范围

《企业会计准则第 4 号——固定资产》第三条规定，固定资产是指同时具有下列特征的有形资产：

（1）为生产商品、提供劳务、出租或经营管理而持有的。

（2）使用寿命超过一个会计年度。

使用寿命是指企业使用固定资产的预计期间，或者该固定资产所能生产产品或提供劳务的数量。

2. 固定资产的确认

《企业会计准则第 4 号——固定资产》第四条规定，固定资产同时满足下列条件的，才能予以确认：

（1）与该固定资产有关的经济利益很可能流入企业。

（2）该固定资产的成本能够可靠地计量。

问题78：如何计价固定资产？

固定资产的计价按图 5-9 所示的原则进行处理。

 建设单位交来完工的固定资产，根据建设单位交付的财产清册中所确定的价值计价

 自制、自建的固定资产，在竣工使用时按实际发生的成本计价

 购入的固定资产，按购入价加上发生的包装费、运杂费、安装费以及缴纳的税金后的价值计价；从国外引进的设备，按设备买价加上进口环节的税金、国内运杂费与安装费等费用后的价值计价

 以融资租赁方式租入的固定资产，按照租赁协议或者合同确定的价款加上运输费、途中保险费、安装调试费以及投入使用前发生的利息支出和汇兑损益等费用后的价值计价

 接受赠予的固定资产，按发票所列金额加上由企业负担的运输费、保险费、安装调试费等确定；无所附发票的，按同类设备的市价确定

 盘盈的固定资产，按同类固定资产的重置价值计价

 接受投资的固定资产，应当按该资产折旧程度，以合同、协议确定的合理价格或者评估确认的价格计价

 在原有固定资产基础上进行改建和扩建的，按照固定资产的账面价值，加上改建和扩建发生的支出，减去改建和扩建过程中发生的固定资产变价收入后的余额计价

图 5-9　固定资产的计价原则

> **小提示**
>
> 　固定资产的各组成部分具有不同使用寿命或者以不同方式为企业提供经济利益，适用不同折旧率或折旧方法的，应当分别将各组成部分确认为单项固定资产。

问题79：固定资产如何提折旧？

固定资产的价值随着固定资产的使用逐渐转移到生产的产品中而构成费用，因此固定资产本身的价值会减少，例如二手设备远没有一手设备的价格高。

1. 提折旧的时机

企业固定资产一般应在当月提取折旧。当月增加的固定资产，当月不提折旧；当月减少的固定资产，当月照提折旧。所谓提足折旧，是指该项固定资产已经提足了应提的折旧总额。应提折旧总额为固定资产原价减去预计残值。

2. 提折旧的方法

提折旧的主要方法有以下几种：

（1）平均年限法

平均年限法又称直线法，是将固定资产的折旧均衡地分摊到各期的一种方法。

$$年折旧率 = \frac{1-预计净残值率}{折旧年限} \times 100\%$$

$$月折旧率 = 年折旧率 \div 12$$

$$月折旧金额 = 固定资产原值 \times 月折旧率$$

比如，某公司有一台设备，原值为 100 000 元，预计可使用 10 年，按照有关规定，该设备报废时的净残值率为 5%。以平均年限法计算的该设备月折旧率和月折旧额如下：

$$年折旧率 = \frac{1-5\%}{10} \times 100\% = 9.5\%$$

$$月折旧率 = 9.5\% \div 12 = 0.79\%$$

$$月折旧额 = 100\,000 \times 0.79\% = 790（元）$$

（2）工作量法

工作量法是根据实际工作量计提折旧额的一种方法。

$$某项固定资产月折旧额 = 该项固定资产当月工作量 \times 单位里程折旧率$$

$$单位里程折旧率 = \frac{固定资产原值 \times（1-预计净残值率）}{总行驶里程}$$

比如，某公司的一辆货车原值为 50 000 元，预计总行驶里程为 500 000 公里，其报废时的净残值率为 5%，本月行驶 10 000 公里。该辆货车的月折旧额计算如下：

$$单位里程折旧率 = \frac{50\,000 \times（1-5\%）}{500\,000} \times 100\% = 9.5\%$$

$$本月折旧额 = 10\,000 \times 9.5\% = 950（元）$$

（3）双倍余额递减法

双倍余额递减法是在不考虑固定资产净残值的情况下，根据每期期初固定资产账面余额以双倍的直线法折旧率计算固定资产折旧的一种方法。

$$年折旧率 = \frac{2}{折旧年限} \times 100\%$$

$$月折旧额 = 固定资产账面净值 \times 月折旧率$$

实行双倍余额递减法计提折旧的固定资产，应当在折旧年限到期前的两年内，将固定资产净值（扣除净残值）平均摊销。

比如，某公司一台固定资产的原价为100 000元，预计使用年限为10年，预计净残值为3000元。以双倍余额递减法计算折旧，具体如下：

$$年折旧率 = \frac{2}{10} \times 100\% = 20\%$$

第1年应计提的折旧额 = 100 000 × 20% = 20 000（元）

第2年应计提的折旧额 =（100 000 − 20 000）× 20% = 16 000（元）

第3年应计提的折旧额 =（100 000 − 20 000 − 16 000）× 20% = 12 800（元）

第4年和第5年分别计提的折旧额 = [（100 000 − 20 000 − 16 000 − 12 800）− 3 000] × 50% = 24 100（元）

各月折旧额则根据年折旧额除以12来计算。

（4）年数总和法

年数总和法是以固定资产应提折旧的总额乘以变动折旧率计算折旧额的一种方法。计算公式为：

$$年折旧率 = \frac{折旧年限 - 已使用年限}{折旧年限 \times （折旧年限 + 1） \div 2} \times 100\%$$

$$年折旧额 = （固定资产原值 - 预计净残值）\times 年折旧率$$

$$月折旧额 = 固定资产年折旧额 \div 12$$

比如，某公司一台固定资产的原价为100 000元，折旧年限为5年，预计净残值为5 000元。以年数总和法计算折旧，具体如下：

首先确定每年的折旧率，依上述公式计算，从第1年到第5年，各年的折旧率依次为 $\frac{5}{15}$、$\frac{4}{15}$、$\frac{3}{15}$、$\frac{2}{15}$、$\frac{1}{15}$。

第1年应计提的折旧额 =（100 000 − 5 000）× $\frac{5}{15}$ = 31 666.67（元）

第2年应计提的折旧额 =（100 000 − 5 000）× $\frac{4}{15}$ = 25 333.33（元）

第3年应计提的折旧额 =（100 000 − 5 000）× $\frac{3}{15}$ = 19 000（元）

第4年应计提的折旧额 =（100 000 − 5 000）× $\frac{2}{15}$ = 12 666.67（元）

第5年应计提的折旧额 =（100 000 − 5 000）× $\frac{1}{15}$ = 6 333.33（元）

3. 固定资产折旧的登记

财务部门应在固定资产折旧核算后进行记录，以便日后查核，如表 5-3 所示。

表 5-3　固定资产折旧登记表

编号：

编号	名称	所在部门	类别	使用部门	数量	发票金额	原始价值	购入时间	使用期限(月)	已使用期限	折旧方法	折旧率	月折旧额	累计折旧额	折余价值	残值率	残值额	备注
合计																			

制表：　　　　　　　　　　审核：

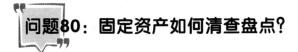

问题80：固定资产如何清查盘点？

固定资产盘点是指从实物管理的角度对单位实际拥有的固定资产进行实物清查，并与固定资产账务进行核对，确定资产的盘盈、毁损、报废及盘亏。

1. 固定资产盘点范围及内容

盘点范围包括土地、建筑物、电子设备、机器设备、运输设备、办公设备、改良的固定资产、在建工程等。

盘点内容包括核实资产数量、型号（面积）、单价、价值；核查资产质量、损毁情况；核对资产手续、证册是否完备等。

2. 盘点方式

（1）年中、年终盘点

企业通常每年至少进行两次固定资产的全面盘点，即年中、年终盘点。由实物管理部门牵头，会同财务部于年中（终）实施全面清点。原则上应采用全面盘点方式，如确因特殊情况而无法全面盘点时，应呈报总经理核准后改变盘点方式。

（2）临时盘点

临时盘点是指因特殊情况而临时决定的固定资产盘点。由财务部知会其部门主管后，会同实物管理部门，做随机抽样盘点。

3. 盘点流程

不同的企业，制定的盘点流程也不尽相同。以下为某企业固定资产的盘点流程：

（1）盘点前，由实物管理部门会同财务部，依盘点种类、项目，制定盘点人员编组表，草拟盘点通知，呈总经理核定签发后公布实施。

（2）盘点人员确定后，由总盘人负责召集盘点小组成员召开盘点协调会，拟订盘点计划，并通知各有关部门，限期办理盘点工作。

（3）实物管理部门应将盘点的实物及盘点用具预先准备妥当，各项固定资产卡片应依编号顺序，事先备妥，以备盘点。

（4）盘点期间已收到而未办妥入账手续的固定资产，应由实物管理部门予以标识，另行存放。

（5）财务部应在盘点前将各项财务账册登记完毕，并根据明细账制作账内资产清单（格式自定），以便实物清点完毕后与盘存表进行核对。因特殊原因无法完成账册登记时，应由财务部将尚未入账的有关单据（如入库单、出库单等）利用"结存调整表"，将账面数调整为正确的账面结存数。

（6）每次盘点时现场至少应包括盘点人、会点人和复盘人。固定资产已集中核算的分公司，复盘人和会点人必须由分公司指派。固定资产尚未集中核算的分公司，复盘人必须由分公司指派。

（7）盘点物品时，由盘点人提供固定资产卡片或实物清单，并以此为依据进行现场盘点，包括点计数量、丈量面积、核对规格（型号）、核查质量、鉴定证册等。会点人应依据盘点人实际盘点信息，如实记录于"固定资产盘点统计表"，并进行核对，核对无误后与盘点人在该表上互相签名确认，并将该表编列同一流水号码。该表一式两联，会点人与盘点人各存一联，以备日后查核。如核对有出入的，则必须重点再核查。

①房屋建筑物、土地除清点数量外，还需实地丈量面积、核对资产权证、核查使用情况等。

②交通运输设备除清点数量外，还需核查行驶里程、核对各种证件、鉴定车辆性能等。

③电子计算机除清点数量外，还需核查设备型号等。

④固定资产改良的盘点应注意检查合同、发票等资料的完整性和有效性。

⑤在建工程的盘点应注意核查工程物资的数量、在建项目付款与工程进度的匹配情况等。必要时可要求专业人员（如项目监理）协助盘点。

⑥其他资产主要盘点资产数量。

（8）盘点完毕后,盘点人应将"固定资产盘点统计表"汇总编制成"固定资产盘存表"。该表一式两联,由盘点人与会点人相互签名确认,第一联由实物管理部门自存,第二联送财务部,供其核算盘点盈亏金额。

（9）财务部收到"固定资产盘存表"后,与自己的账内资产清单进行核对。除计算盘亏、盘盈金额与数量外,还需检查资产的辅助信息是否完整等,并出具"固定资产盘点报告表",由实物管理部门填列差异原因及对策后,送回财务部汇总并转呈总经理签核。该表一式三联,第一联送实物管理部门；第三联送总经理室（最后归档备案）；第二联由财务部自存,作为账项调整的依据。

（10）对于盘点情况及在盘点中发现的问题,实物管理部门应尽快查明具体原因,出具书面报告,提出处理意见,待总经理或上级批复后再做处理。原则上应在年终（中）决算前处理完毕。

4. 盘盈、盘亏的处理

（1）固定资产盘盈,按审批权限报经批准后,由财务部会同技术部门、管理部门按同类或类似固定资产的重置完全价值确定计价,建立卡片并登记有关账项。

（2）固定资产盘亏,除按审批权限报请批准列销有关账项外,还要按税法规定报批。

问题81：如何报废与清理固定资产?

1. 固定资产调出

调出单位的固定资产管理部门根据上级调拨决定,填写"固定资产接收、移交记录",连同有关资料、卡片交调入单位列账。财务部根据调拨决定和"固定资产接收、移交记录"注销固定资产。

2. 固定资产转让

固定资产转让、出售必须按规定的审批权限和程序,经批准后签订固定资产转让、出售合同或协议。财务部按转让、出售合同或协议规定进行账务处理,并注销固定资产。

3. 固定资产报废

固定资产的报废应由其管理部门统计需报废资产的卡片编码、资产编号、规格型号等信息,会同财务部核实相关资产的净残值、折旧年限等,填列固定资产报废申请单,经技术部门鉴定后报企业领导审批,并由企业领导向董事会汇报,其流程如图5-10所示。

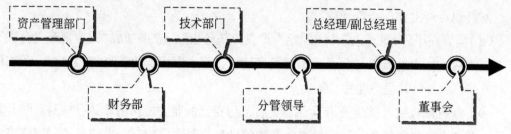

图 5-10　固定资产报废流程

（1）对于房屋建筑物等需要拆除的固定资产，应保留其拆除前的影像资料。

（2）对于履行完资产报废手续的固定资产，管理部门应进行清点、登记，集中存放于企业指定的报废固定资产放置区，同时将报废的资料送交财务部做账务处理。

（3）对于确定已丧失使用价值且需要报废的固定资产，符合报废条件的，按审批权限和规定程序填报"固定资产拆除、报废申请单"，经相关部门审批后办理。

（4）报废后处理固定资产的净值收益列入"营业外收入"，报废后处理固定资产的净损失列入"营业外支出"。

4. 固定资产报废后的处理

完成报废程序的资产，原则上应由原管理部门移交固定资产管理部门，由固定资产管理部门提出处理申请，由分管领导和企业总经理或副总经理做处理批示。

财务部应根据"固定资产报废申请表"和"固定资产清理记录"，按规定进行账务处理，并注销固定资产；发生损失的，按税法规定报批。

第四周　存货管理

存货是企业的一项重要资产，直接关系到企业的资金占用水平以及资产运作效率。存货管理的好坏也关系到整个企业和投资者的利益，因此，财务经理必须重视存货管理。

问题82：存货如何分类？

存货是指企业在正常生产经营过程中为销售或者耗用而储备的物资，包括原材料、低值易耗品、在制品、半成品、产成品等；如表5-4所示。

表5-4 存货的分类

序号	分类	具体说明
1	原材料	原材料是指购入的用于制造产品并构成产品实体的物品；以及购入的供生产耗用但不构成产品实体的辅助性材料，包括原辅材料、外购件、修理用配件、包装材料等
2	低值易耗品	低值易耗品是指使用年限短、价值低、易损耗，且不作为固定资产管理的各种劳动资料
3	在制品	在制品是指生产过程尚未全部结束或正在生产中的产品
4	半成品	半成品是指经过一定生产过程已检验合格并交付半成品仓库，但仍需继续加工的中间产品。半成品可以深加工为产成品，也可以单独对外销售
5	产成品	产成品是指企业加工生产过程结束，符合质量技术要求，已验收入库，可以对外销售的产品

财务经理应安排人员对企业存货进行分类汇总，统计其年初和期末金额，并将其记录在专用表格中，以便随时掌握存货的具体情况，如表5-5所示。

表5-5 企业存货分类汇总表

编号：　　　　　　　　　　　　　　　　　　　　日期：　　年　　月　　日

项目	行次	年初金额			期末余额				其中存放超过3年的存货
		金额	跌价准备	净额	金额	期末可变现净值	跌价准备	净额	
1.原材料	1								
2.包装物	2								
3.低值易耗品	3								
4.材料成本差异	4								
5.库存商品	5								
6.产品成本差异	6								
7.委托加工物资	7								
8.委托代销商品	8								
9.受托代销商品	9								
10.在产品及自制半成品	10								
（1）自制半成品	11								
（2）生产成本	12								
（3）劳务成本	13								
11.在途物资	14								
12.材料采购	15								

续表

项目	行次	年初金额			期末余额				其中存放超过3年的存货
		金额	跌价准备	净额	金额	期末可变现净值	跌价准备	净额	
13. 发出商品	16								
14. 分期收款发出商品	17								
15. 其他	18								
合计	19								

制表：   审核：

问题83：如何从内部控制存货？

企业应建立严格的内部稽核制度，通过建立存货业务的岗位责任制，明确各部门和相关人员应承担的责任、权利和义务，规范存货业务的各个环节，确保相关部门和岗位职责分明，并保证存货业务的不相容岗位相互分离、相互制约和监督，杜绝发生徇私舞弊现象。

1. 存货采购内部控制

存货采购内部控制的关键点如表5-6所示。

表5-6 存货采购内部控制的关键点

序号	控制关键点	具体说明
1	存货采购审批	要保证存货采购业务按计划与申报程序进行。采购部应根据企业生产经营计划和材料请购单编制采购计划，提出具体的采购目录，经企业生产经理审核后报相关领导审批
2	签订存货采购合同	要保证存货采购在授权范围内按合同进行。主管领导应对采购人员进行授权委托，授权的内容必须是经过有关部门批准的内容；采购人员应按计划签订（议定）合同，无权在授权范围之外签订合同或变更合同内容，合同副本应送财务部和计划部审核和留存
3	存货验收和入库	要保证存货采购数量、品种、质量符合合同要求，要做到准确、安全入库。采购人员应按合同要求的交货时间催收，收到采购物料后，采购部应验收物料的品种、数量和质量，然后签署验收单。仓库部门应根据验收单验收存货，填制入库单，登记存货台账，并将发票、运单连同验收单、入库单送回采购部，然后由采购部交财务部入账
4	存货采购资金支付结算	要保证货款支付正确、合法。财务部接到采购部承付货款的通知时，应审核合同的签订是否符合规定；验收单、入库单是否真实、可靠，是否与合同一致；进货发票是否合法，是否与合同、验收单、入库单、付款通知单的品名、数量和价格相符，审核无误后方可办理付款手续，进行货款支付结算

续表

序号	控制关键点	具体说明
5	存货核算	要保证存货采购业务资料准确、真实。财务部的物料核算人员和仓库人员要对存货的购进、发出和库存进行日常核算，仓库人员应登记材料卡片、库存明细账（数量账）；物料核算人员既要登记物料数量，也要核算金额的明细账。财务部根据入库单、验收单、付款通知单、付款凭证编制记账凭证，登记存货账簿及有关账簿，月末由材料核算人员和仓库人员进行核对
6	存货稽核	应保证采购业务记录正确，做到账账、账表、账实相符。月末将入库单与物料明细账核对，清理在途物料（结转材料成本差异）；同时还应将物料明细账与库存明细账、总账核对，由内部稽核人员复核记账凭证和原始凭证是否符合内部控制程序和会计制度
7	存货内部审计	要保证存货业务合同有效、保管安全、付款正确、会计核算准确、各部门资料反映真实可靠。内部审计人员要审查存货采购合同是否经过授权、是否有效；同时审查在途存货，审核各部门核算是否正确、各部门反映的数据是否相符、有无违反规定程序和舞弊的行为等；最后还要对存货的内控措施进行评价

2. 存货领用内部控制

存货领用内部控制的关键点如表 5-7 所示。

表 5-7 存货领用内部控制的关键点

序号	控制关键点	具体说明
1	存货领用审批的内部控制	存货领用应设定定额，且经过批准才能执行。领用的材料应有技术部门根据工程设计核定的消耗定额。属于间接费用消耗、修理用料的，应编制计划或核定费用定额。生产部根据计划、定额填制限额领料单，向仓库部门领料，仓库人员根据限额领料单发货。领用存货应经部门负责人审批签字，超定额领料必须办理相关手续
2	存货发出的内部控制	为了保证存货领用无误、手续齐全，仓库人员应审核领料单，双方要核对存货的数量和质量，并签字或盖章。物料发出后，仓库人员要登记物料卡片及库存明细账，并转物料核算人员进行汇总核算
3	存货领用核算的内部控制	为了保证存货领用业务记录真实、领发无误，仓库人员在发货后要及时登记存货台账；财务部的物料核算人员要及时按用途汇总领料单（分摊材料成本差异），分类制证，登记相关账目
4	存货领用的内部稽核	为了保证存货安全、记录正确，内部稽核人员应审核领料单，核对收发凭证和存货台账，检查收发记录和结存余额，查看存货领用的会计核算记录
5	存货盘点及处理的内部控制	为了保证存货账实相符，仓库人员应定期盘点库存存货，编制存货盘点表，并提出处理意见。财务部年底应抽查存货盘点表，对于生产经营中已无转让价值的存货及其他已无使用价值和转让价值的存货，应根据主管领导和相关部门批准的处理意见，与仓库人员协同调整存货账务，以确保账实相符
6	存货领用的内部审计	为了保证存货安全、账实相符、核算准确，内部审计人员要抽查存货盘点表，监督存货盘点，审核存货保管部门的日常核算是否准确、各部门的数据是否相符、有无违反规定程序和舞弊的行为，还要对存货领用的内部控制进行评价

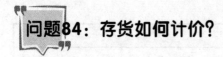

问题84：存货如何计价？

存货成本的计算对产品成本、企业利润及所得税都有较大的影响，存货计价方法的改变对企业会计核算也有着重要的影响。

1. 对存货取得进行计价

对存货进行计价有助于企业实时掌握存货价值，加强对存货的管理。存货取得的计价方式根据存货类型的不同而有所不同，具体如表5-8所示。

表5-8　对存货取得的计价

内容	说明
购入存货	企业购入的存货按照买价加上各种杂费，途中合理损耗，入库前的加工、整理及挑选费用，以及缴纳的税金等计价（按规定应抵扣的增值税额不包括在内），即：采购成本＝买价＋运费＋入库前的仓储费、包装费、装卸费、保险费、挑选整理费＋运输途中合理损耗＋相关税金（关税、消费税、不能抵扣的增值税进项税）
自行制造的存货	企业自行制造的存货，其价值为： 加工成本＝直接材料＋直接人工＋制造费用
委托外部企业加工的存货	企业委托外部企业加工的存货，其价值为： 委外加工存货价值＝委托加工材料或半成品的价值＋委托加工费＋运输费＋装卸费＋包装费＋其他杂费＋相关税金
盘盈的存货	企业盘盈的存货，其价值为： （1）按照同类存货的实际成本计价 （2）按照重置价值进行计价
投资者投入的存货	企业投资者投入的存货，其价值为： （1）投资者用实物投资的，应进行资产评估，评估确认的价值如果双方认可，即按评估确认价值计价 （2）如果投资作价与评估确认价值不一致，则按合同、协议约定的价值计价
接受捐赠的存货	企业接受捐赠的存货，其价值为： （1）按照发票所列金额加上应由企业负担的运输费、保险费、税金计价 （2）如果没有发票账单，则按同类存货的市价计价

2. 对存货发出进行计价

选择存货计价方法是制定企业会计政策的一项重要内容。不同的存货计价方法将产生不同的报告利润和存货估价，并对企业的税收负担、现金流量产生影响。我国《企业会计准则》规定：企业应当采用先进先出法、加权平均法或者个别计价法确定发出存货的实际成本。企业存货发出的计价方法如表5-9所示。

表 5-9　存货发出的计价方法

序号	计价方法	具体说明
1	先进先出法	假定先收到的原材料先耗用，并根据这种假定的成本流转次序对发出货物和期末存货计价
2	加权平均法	采用加权平均单位成本计算发出存货成本和结存存货成本，不会使当月发出存货的单位成本小于月末结存存货的单位成本
3	移动平均法	在每次购入货物后，根据库存数量及总成本算出新的平均成本，然后再用其乘以随后发出的货物数量计算出发出货物的成本
4	个别计价法	又称具体辨认法，是对库存和发出的每一种特定物品或每一批特定商品的个别成本或每批成本加以认定的方法

问题85：存货如何核算？

存货核算的相关规定如下：

（1）财务部应在总分类账中设置"材料采购""原材料""低值易耗品""委托加工材料""自制半成品""产成品""燃料"和"包装物"等一级科目，并相应设置明细分类账，进行价值量、实物量的核算。

（2）各有关责任部门应按存货类别设置明细账，并进行实物量的核算。月终时，各部门存货明细分类账的余额应与财务总分类账中的有关一级科目余额核对相符。

（3）存货出库单价采用移动加权平均法计算确认，低值易耗品领用时采用一次摊销法核算。

问题86：日常如何管理存货？

财务经理应协同其他相关部门，如采购部、仓库部门等，做好存货的日常管理工作，具体工作如下：

（1）存货的转移、收发、领退应由仓库人员填制入库单、出库单、调拨单，由经办人员和有关部门签字后，办理入库、出库、调拨手续。

（2）财务部定期到仓库进行稽核，并将单据带回财务部对存货进行核算。

（3）企业内部不同业务部门对存货管理有着不同的要求，财务部要及时了解，妥善处理，使其相互协作，实现企业存货的总体优化。

（4）仓库人员对检验合格的物料，应及时按规格、型号放置在规定的地点，并且要经常进行物料保养检查，定期进行防火、防潮检查，防止仓库物资霉烂变质，保证仓库物资质量完好。

（5）财务经理每月至少组织一次抽查，并做好抽查记录，做到账、卡、物一致；对存放物资的库、架、层、位统一编号，并注意和账、卡上的编号相统一，以便于库区管理。

（6）如存储的是贵重物品、危险品等特殊物品（金银等贵金属、易燃易爆化学品、麻醉药品等），则应限制无关人员靠近。必要时，仓库内部可执行授权制。

（7）采购部采购的特殊物品，必须于当天交予仓库人员，经手的仓库人员应立即将收到的物品存放在保险箱（专库）内，并实行五双制管理，即双把锁、双人管、双人发、双人收、双人送。仓库部门应贯彻专材专用、结余缴库的原则，对物品严加控制，做到账册清楚、手续齐备。

（8）仓库人员应加强对所保管物料的盘点工作，每次收发料后应及时登记，定期盘点，并做好盘点记录，分别报送财务部和仓库主管备查。

（9）盘点中，仓库物料可能会发生盘盈、盘亏，或发生损坏、变质、过期失效而不能正常使用的情况，此时应分析原因，查明责任，并采取措施。盈亏时，数额经仓库主管确认后，要及时调整财务和仓库的账面数量，同时报企业最高管理层处理。

 **相关链接**

常见的存货管理方法

1. 存货 ABC 分类管理

就是按照一定的标准将公司的存货划分为 A、B、C 三类，实行分品种重点管理、分类别一般控制和按总额灵活掌握的存货管理方法。

A 类存货的金额很大，但品种数量较少；B 类存货的金额一般，品种数量相对较多；C 类存货的品种数量繁多，但价值金额却很小。

2. 保持适当的存货周转率

一个公司如要保持较高的盈利能力，应当十分重视存货的管理，尤其要注意存货的流动性分析。存货在流动资产中所占比重较大，存货的流动性对公司的流动比率有重要的影响。

$$存货周转率（次数）= \frac{主营业务成本}{平均存货余额}$$

$$或 \quad 存货周转率（次数）= \frac{销货成本}{平均存货余额}$$

$$存货周转天数 = \frac{360}{存货周转次数}$$

存货周转率指标的好坏可以反映出公司存货管理水平的高低，也会影响公司的短期偿债能力，是公司管理的一项重要内容。一般来讲，存货周转速度越快，存货的占用水平越低，流动性越强，存货转换为现金或应收账款的速度就越快。因此，提高存货周转率可以提高公司的变现能力。

3. 准时生产方式

准时生产方式是日本上世纪五六十年代开始实施的生产管理方式，是有效利用各种资源、降低成本的准则。其核心思想是寻求并消除生产过程中形成浪费的一切根源和任何不产生附加价值的活动。实现这一思想的控制方法和原则是：将必要的材料，以正确的数量和完美的质量，在必要的时间，送往必要的地点。

如果生产系统真正在准时制生产方式下运行，库存就可以降至最低程度。简而言之，准时生产制是一种追求无库存，或是使库存最小化的生产系统，即消除一切只增加成本而不增加价值的过程。

问题87：如何清查盘点存货？

存货清查盘点是财务管理的一项重要基础工作，企业应定期或不定期开展存货盘点清查。年度结束时，企业应进行一次全面的盘点清查，以确保存货账实相符，真实反映存货的实际情况。

1. 责任人员

（1）组织人员

年终全面盘点由总经理或财务总监组织，财务部负责制订盘点计划，下发盘点通知。

（2）盘点人员的安排

盘点人员包括盘点人、会点人、协点人和监盘人，通常由财务部和相关部门协商决定。

①盘点人由盘点小组指定，负责点量工作。

②会点人由财务部派员担任，负责盘点记录。

③协点人由仓库搬运人员担任，负责盘点时物资的搬运。

④监盘人包括内部审计人员、总经理指派的人员，以及负责年度会计报表审计的会计师事务所人员。

2. 盘点日

盘点日由企业财务部在盘点计划中确定。

3. 实际操作

会点人按实际盘点数如实记录"存货盘点表"（见表5-10），然后由盘点人、监盘人共同签注姓名、时间；盘点表发生差错需更正时，必须由盘点人、监盘人及时签字确认。

4. 盘点结果处理

盘点完毕后，财务部将"存货盘点表"中的盈亏项目累计金额填列至"年度盘点盈亏汇总表（存货）"（见表5-11），并与仓库、生产等部门共同编制分析报告，填写"盘点盈亏报告表（存货）"（见表5-12），经财务经理审核后上报总经理。

表5-10　存货盘点表

仓库名称：＿＿＿＿＿＿＿＿

存货类别：＿＿＿＿＿＿＿＿

编　号：＿＿＿＿＿＿＿＿

存货：原材料（　　）　　半成品（　　）
　　　低值易耗品（　　）　产成品（　　）
　　　委托加工材料（　　）委托加工产品（　　）
　　　不良品（　　）　　　报废品（　　）

序号	名称	规格型号	单位	单价	实点数量	盘点日至会计基准日		会计基准日库房账面数量	会计基准日账面数量	盘盈、盘亏数量	状态
						入库数量	出库数量				

保管员/责任人：＿＿＿＿＿　盘点人：＿＿＿＿＿　监盘人：＿＿＿＿＿　盘点日期：＿＿＿年＿＿月＿＿日

表5-11　年度盘点盈亏汇总表（存货）

年度：＿＿＿＿＿＿＿＿　　　盘点日期：＿＿＿＿＿＿＿＿

部门	类别	品名及规格	单位	单价	调整后账面数量	盘点数量	盘盈		盘亏		差异原因	
							数量	金额	数量	金额	说明	对策

表5-12　盘点盈亏报告表（存货）

经管部门：＿＿＿＿＿＿＿＿　　　日期：＿＿＿年＿＿月＿＿日

品名	商品编号	规格	单位	单价	账面数量	盘点数量	盘盈		盘亏		差异原因说明	拟处理对策及建议
							数量	金额	数量	金额		

总经理批示	财务部门		经管部门		
	经理	制表	经理	仓库主管	经管人

5. 盘盈、盘亏的处理

存货清查盘点出现盘盈、盘亏、损毁和报废时，应按财务制度规定，计入管理费用，即：

（1）企业盘亏、损毁、报废的存货，扣除过失人或保险公司赔款和残料价值后，计入管理费用。

（2）盘盈的存货冲减管理费用。

（3）存货损毁属于非正常损失，并非企业生产经营原因造成的，在扣除保险公司赔款和残料价值后，计入营业外支出。

问题88：如何防范存货管理的风险？

1. 存货管理的内部风险

财务经理作为企业财务工作的主要负责人，也是存货管理的主要负责人，应当充分认识存货管理的内部风险，具体如下：

（1）企业管理层对存货本质的认识存在缺陷，使得存货大量积压。大量的存货积压必然会消耗大量的成本，从这个角度来讲，存货也是企业的一项"负债"。企业应尽可能以最少的存货来满足生产和销售的需要。

（2）企业各职能部门之间缺乏有效沟通，致使企业库存不能满足市场需求。企业供、产、销各部门往往只片面追求各自部门的利益，彼此之间缺少有效的信息沟通，导致企业要么存货储备量低于市场需求，失去了市场机会；要么库存积压，增加了储存成本。

（3）企业内部控制制度的不健全使得存货监管效率低下。企业内部没有制定关于存货管理的规章制度，或者即使制定了制度却因为缺乏严格的考核和监督而不能有效运行，既造成了内部资源浪费，同时也增加了存货流转过程中徇私舞弊的可能性。

（4）管理人员缺乏专业素质，使得企业难以确定科学的库存量。管理人员知识结构不合理，致使其在库存管理过程中，习惯于凭借主观经验，而不是运用科学的管理方法对存货进行定性与定量控制。

（5）存货管理的技术手段落后，使得存货信息不能及时传递到企业相关部门及上下游企业。企业内部仅仅建立了以统计核算为目的的小型数据库系统，严重时该系统甚至会误导企业的采购与生产活动，造成存货脱销或者积压。

2. 存货管理的外部风险

存货管理的外部风险主要如表5-13所示。

表5-13　存货管理的外部风险

内容	详细说明
国家宏观调控政策的变化	如果人民银行总行扩大贷款利率的浮动区间，各银行执行利率就会随之上升，加上各方对物价上涨的预期，企业为了规避市场风险和资金利率风险，便会大量囤积原材料，形成较多的存货
物价水平持续上涨	如果生产价格指数（PPI）居高不下，物价上升的压力会持续存在，原材料供应会日趋紧张，能源、运输价格也会不断上涨，企业为了降低缺货风险，不得不增加存货的安全库存量，并选择合适的存货计价方法，规避物价变动产生的风险
市场需求变化加快	市场需求变化加剧，也会增加企业存货管理的难度。企业常因销售预测不准，造成产品淘汰及相关原材料、零部件等大量积压

3. 存货管理风险的防范

存货风险是可以防范的，具体措施如表5-14所示。

表5-14　存货管理风险的防范措施

序号	防范措施	具体说明
1	提高销售预测的准确度	企业应做好销售预测，尽可能提高预测的准确度。在进行销售预测的过程中，可以采取滚动预测的方式，不断根据市场环境的变化对销售预测进行修正，并让经销商参与整个预测流程，发挥经销商更接近市场、更了解市场的优势，以提高预测准确度
2	优化和改良企业的生产运作流程	在优化和改良过程中，企业需要分析生产的各个流程中哪些是无效的作业流程，哪些是能够提高产品附加值的作业流程，进而消除无效的流程。在简化生产流程的同时，企业还应对生产流程进行改进，使生产线上各个作业流程的时间趋于一致，实现生产线的同步生产
3	完善企业的内部控制体系	（1）建立严格的内部稽核制度 （2）建立并完善供应商准入制度 （3）建立定期和不定期的存货盘点制度，并实施盘点控制
4	与供应商建立长期协作的战略伙伴关系	企业可以让供应商参与企业的存货管理，通过建立与供应商之间的信息交流平台，向供应商公布自己的生产经营计划，由供应商根据企业的存货消耗需求情况来组织安排发货，这样做既可以降低存货的采购成本，又可以减少存货的资金占用
5	建立适合企业自身发展需要的存货管理信息系统	企业应结合自身业务流程特点，使用合适的库存管理软件，建立企业的存货管理信息系统，使企业内部各部门之间，以及企业与供应商、经销商之间共享存货信息，从而提高企业的存货管理效率
6	全员参与存货管理	优化存货管理除了需要企业管理层改变经营理念、重视存货控制和管理外，还应该让企业的采购、仓库、财务、生产和销售等各个部门均参与到存货的管理中，共享存货管理相关信息，通过整合内部资源来提高存货管理效率。在整合过程中，企业应将存货管理的理念灌输给每一位员工，强调企业全员参与存货管理的重要性，为存货管理创造良好的氛围

第六个月

财务分析与风险控制

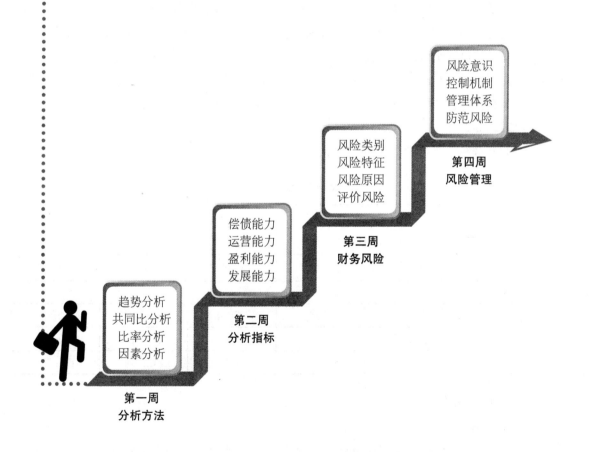

风险意识
控制机制
管理体系
防范风险

第四周
风险管理

风险类别
风险特征
风险原因
评价风险

第三周
财务风险

偿债能力
运营能力
盈利能力
发展能力

第二周
分析指标

趋势分析
共同比分析
比率分析
因素分析

第一周
分析方法

第一周　财务分析方法

　　财务分析是评价企业经营业绩及财务状况的重要依据，在企业财务管理中起着重要的作用。通过对企业财务状况的分析，可以了解企业现金流量状况、运营能力、盈利能力、偿债能力。

问题89：如何运用趋势分析法?

　　趋势分析法是将连续数年的财务报表上有关项目按金额或以某一年为基期进行比较，计算趋势百分比，以揭示财务状况和经营成果的变化和发展趋势。

　　趋势分析法主要是通过编制比较财务报表来进行的，既有按金额编制的比较财务报表，又有按百分比编制的比较财务报表。

　　由于趋势百分比分析均以基期为计算基础，因此基期的选择必须慎重。基期的选择要求具有代表性或正常性条件，否则，运用百分比比较得出的结果没有意义，还可能引起误解。

　　趋势分析法举例，如表6-1所示。

表6-1　趋势分析法举例

项目	2018年	2019年	2020年	2021年	2022年
销售收入（元）	230 000	200 000	240 000	260 000	300 000
净收益（元）	105 000	100 000	110 000	118 000	141 000

项目	2018年	2019年	2020年	2021年	2022年
销售收入（元）	100.00%	86.96%	104.35%	113.04%	130.43%
净收益（元）	100.00%	95.24%	104.76%	112.38%	134.29%

1. 比较分析法

（1）概念

　　比较分析法就是将两个或两个以上相同项目的财务数据直接进行比较，以发现财务指标变动差异及其趋势的方法。

对两期或两期以上的财务报表相同项目进行分析，既可采用直接比较法了解该项目金额的增减变动情况（如 2022 年某上市公司销货成本为 8 000 万元，而 2021 年的销货成本为 7 500 万元），也可采用相对比较法即百分比法比较该项目金额的增减变动百分比。在进行比较分析时，除了可以研究单个项目的变化趋势外，还可以针对特定项目之间的关系进行分析，以揭示其隐藏的问题。

（2）比较分析法的具体形式

①根据财务报表分析的要求与目的，主要进行图 6-1 所示的三种比较。

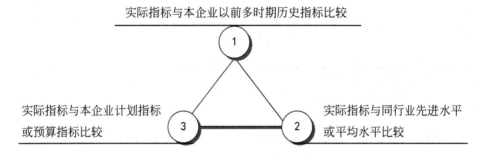

图 6-1　根据财务报表分析的要求与目的进行的比较

对比较报表上的财务数据，要选择重点项目进行分析，并非所有的项目都要进行分析。

②按指标数据形式的不同，可分为图 6-2 所示的两种比较。

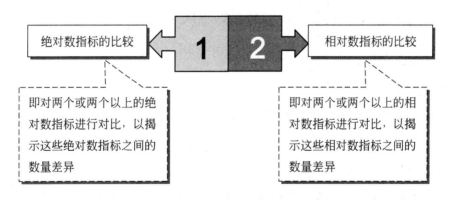

图 6-2　按指标数据形式的不同进行的比较

③比较分析法的常见形式——比较财务报表，即将最近两期或数期财务报表数据并列在一起编制的报表。

比较财务报表研究同一项目在不同期间变动的情况，列示出财务报表各项目前后两期或多期的金额对比，并计算其增减变动金额和百分比，以便于分析者应用，如表 6-2 所示。

表 6-2　比较损益表或利润表

项目	2021 年（元）	2022 年（元）	金额增减（元）	百分比增减
销售净额	2 600 000	3 000 000	400 000	15.38%
减：销售成本	1 755 000	2 100 000	345 000	19.66%
销售毛利	845 000	900 000	55 000	6.51%
减：营业费用	561 600	528 000	−33 600	−5.98%
利息费用	49 400	60 000	10 600	21.46%
加：其他收益	1 300	15 000	13 700	1 053.85%
税前收益	235 300	327 000	91 700	38.97%
减：所得税费用	117 300	132 000	14 700	12.53%
净收益	118 000	195 000	77 000	65.25%
EPS（元／股）		2.22		
DPS（元／股）		1.636		

注：EPS 为 Earnings Per Share 的缩写，即每股收益。
　　DPS 为 Dividend Per Share 的缩写，即每股股利。

（3）运用比较分析法需要注意的问题

运用比较分析法时，需要注意对比指标之间的可比性。指标可比性，指所对比的同类指标之间在指标内容、计算方法、时间长度等方面完全一致。

①实际财务指标与标准指标的计算口径保持一致。

②实际财务指标与标准指标的时间覆盖面保持一致。

③实际财务指标与标准指标的计算方法保持一致。

④绝对数指标比较与相对数指标比较需要同时进行。

（4）实际进行比较分析时需要注意的问题

①物价水平的差异导致数据差异。

②不同会计处理与计价方法导致差异。

③企业经济类型的不同、财务规模的变动、财务工具与财务政策的调整，都会导致差异。

2. 指数趋势分析法

当需要比较三年或三年以上的财务报表时，比较分析法就变得比较麻烦了，这时最好运用指数趋势分析法。

指数趋势分析的具体做法为：分析连续数年的财务报表时，以其中一年的数据为基期数，将基期的数值确定为 100，其他各年的数据分别转换为基期数的百分数，然后比较分析相对数的大小，得到有关项目的变化趋势。

在某种程度上，与趋势百分比分析法类似，指数趋势分析法只不过将百分数 100% 直接换成了 100。

问题90：如何运用共同比分析法？

共同比分析，即采取纵向分析的垂直方式，对同一期间财务报表中不同项目间的关系进行比较分析。纵向分析主要是通过编制共同比财务报表来进行的。

共同比财务报表，是将财务报表中某一关键项目的金额作为100%，而将其余项目换算为对关键项目的百分比，以显示各项目的相对地位或重要性。

共同比报表分析的优点为：显示出各项目的相对重要性，便于不同时期财务报表的相同项目进行比较。

共同比财务报表的形式，主要有以下两种：

（1）共同比损益表：以销售净额为关键项目，把它作为100%，其余项目的金额都与之比较，计算百分比，如表6-3所示。

表6-3　共同比损益表举例

项目	2021年	2022年	变动情况
销售净额	100%	100%	0%
减：销售成本	70%	67.50%	−2.50%
销售毛利	30%	32.50%	2.50%
减：营业费用	19.40%	21.60%	2.20%
利息费用	2.00%	1.90%	−0.10%
加：其他收益	0.50%	0.05%	−0.45%
税前收益	9.10%	9.05%	−0.05%
减：所得税费用	4.40%	4.51%	0.11%
净收益	4.70%	4.54%	−0.16%

（2）共同比资产负债表：分别以资产总额、负债及所有者权益总额为100%，计算组成项目所占的百分比。

问题91：如何运用比率分析法？

比率分析法是利用两个指标之间的某种关联关系，通过计算比率来考察、计量与评价企业财务活动状况的一种分析方法。

比率分析是相关联的不同项目、指标之间进行比较，来说明项目之间的关系，并解释和评价由此所反映的某方面情况，例如，流动资产与流动负债进行比较可以考察短期偿债能力。

企业在采用比率分析法进行分析时，需要根据分析的内容和要求，计算出有关的比率，然后进行分析。由于各种比率的计算方法各不相同，其分析的目的以及所起的作用也各不相同。根据计算方法的不同，财务比率大体上可以分为三类。

1. 相关比率分析

相关比率是指同一时期财务报表中两项相关数值的比率。这一类比率分类及举例如图 6-3 所示。

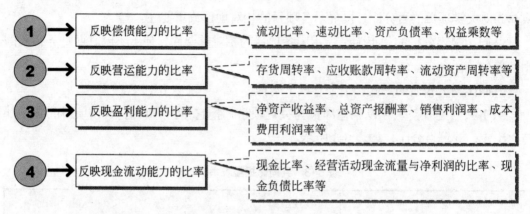

图 6-3　相关比率分类及举例

2. 结构比率分析

结构比率是指财务报表中个别项目数值与全部项目总和的比率。这类比率揭示了部分与整体的关系，通过不同时期结构比率的比较还可以揭示企业财务业绩构成和结构的发展变化趋势。结构比率的计算方法通常是：

$$结构比率 = \frac{指标某部分的数值（部分）}{该指标的总体数值（总体）} \times 100\%$$

结构比率指标通常表现为各种比重，在财务报表分析中，常用的结构比率如图 6-4 所示。

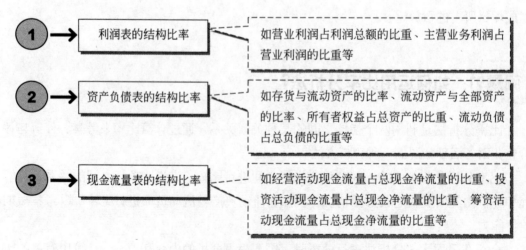

图 6-4　财务报表分析中常用的结构比率

比如，S公司的现金流量汇总表如下表所示。

S公司合并现金流量汇总表

2022年12月31日 单位：元

项目	2022年累计数	比重（%）	2021年累计数	比重（%）
经营活动产生的现金流量净额	375 607 515.06	17.72	5 858 283 255.29	56.51
投资活动产生的现金流量净额	−4 870 383 034.60	−229.80	−943 626 261.99	−9.10
筹资活动产生的现金流量净额	6 726 621 688.79	317.38	5 417 346 347.70	52.25
汇率变动的影响	−112 420 012.03	−5.30	35 231 794.74	0.34
现金及现金等价物净增加额	2 119 426 157.22	100.000	10 367 235 135.74	100.00

从上表可见，2022年S公司产生的现金流量中，经营活动产生的现金流量为正，占17.72%，与2021年经营活动现金流量占56.51%相比，下降较多；投资活动产生的现金流量为负，占−229.80%，与2021年的−9.1%相比，下降较多；筹资活动产生的现金流量为正，占317.38%，与2021年的52.25%相比，提高较多。因此，2022年S公司的现金流量主要是筹资活动产生的，经营活动产生的现金流量较少，投资活动主要是现金流出，说明公司对外投资较大，同时也说明公司的主营现金流量不足，需要引起注意。

3. 动态比率分析

动态比率是指财务报表中某个项目不同时期的两项数值的比率，又称为趋势分析或水平分析。

企业的经济现象受多方面因素变化的影响，只从某一时期或某一时点上很难完整地分析企业财务状况的发展规律和趋势，因而必须把若干数据按时期或时点的先后顺序整理为数列，并计算出它的发展速度、增长速度、平均发展速度和平均增长速度等，这样才能探索它的发展规律和发展趋势。

根据财务指标时间特征的不同，财务指标的时间数列可分为时期数列和时点数列。时期数列反映某种经济现象在一定时期内发展过程的结果及总量，它是各个时期的数值不断累计的结果。例如，销售收入、利润总额等利润表项目所构成的数列就是时期数列。

时点数列表明在特定时点上某种经济现象所处状态的数值。由于各时点上的数值大部分都是现象的重复，因此时点数列不能复加，例如，年末的资产总额、所有者权益总额、流动资产余额等资产负债表项目所构成的时间数列就是时点数列。

根据财务指标的时间数列，可以计算出相关指标的增长量、发展速度等，来反映相关财务指标的发展规律。

（1）增长量

增长量反映某种经济现象在一定时期内所增加（或减少）的绝对数，是比较期与基期的差额。由于作为比较标准的时期不同，增长量指标分为逐期增长量（即把前一期作为基数逐期比较）和累计增长量（即把各个比较期统一与某个固定基期比较）。增长量的计算公式为：

$$增长量 = 比较期数值（报告水平） - 基期数值（基期水平）$$

（2）发展速度

发展速度是表明某种经济现象发展程度的比率，它是全部数列中各比较期与基期水平之比。根据比较标准的时期不同，发展速度分为定基发展速度和环比发展速度。定基发展速度是报告期水平与某一固定期间水平对比；环比发展速度是各期水平与前一期水平对比。

$$定基发展速度 = \frac{分析期某指标数值}{固定基期该指标数据} \times 100\%$$

$$环比发展速度 = \frac{分析期某指标数值}{前期该指标数据} \times 100\%$$

在财务报表分析中使用动态比率分析，能够将连续数年的财务报表中的某重要项目进行比较，计算该项目前后期的增减方向和幅度，以说明企业财务状况或财务成果的变动趋势。

下面以净利润为例进行趋势分析。

1.S公司的主营业务收入数据见下表。

S公司主营业务收入趋势分析表

项目	2020年	2021年	2022年
主营业务收入（元）	2 266 274 254.52	19 523 874 580.35	104 083 576 146.63
定基发展速度（%）	100	861.50	4592.72
环比发展速度（%）	100	861.50	533.11

从上表的数据可见，该公司主营业务收入3年来呈现大幅度增长趋势，环比增长，2021年增长率达861.50%，2022年增长率达533.11%；定基增长，2021年

增长率达 861.50%，2022 年达 4592.72%。

2.S 公司的净利润数据见下表。

S公司净利润趋势分析表

项目	2020 年	2021 年	2022 年
净利润（元）	5 408 236 840.66	1 366 722 187.95	1 102 705 187.44
定基发展速度（%）	100	25.27	20.39
环比发展速度（%）	100	25.27	80.68

由上表的数据可见，从总体趋势看，该公司的净利润呈增长趋势，尤其是 2022 年增长更加迅速，与 2021 年相比，2022 年的定基发展速度为 20.39%，环比发展速度为 80.68%。

单独观察上述两表，都会给我们留下较好的印象，即该公司处于高速增长状态。但是，如果将两表结合起来观察则发现，尽管该公司的利润增长速度也较高，但是远远低于收入的增长速度，说明该公司在收入增长的同时，收入利润率却呈现下降趋势。由此可见，在运用动态比率分析时，不仅要分析单个项目的发展速度或增长速度，还要进行相关指标发展速度的对比分析和财务比率发展速度的分析，这样才能较全面地掌握公司的发展状况和发展规律。

问题92：如何运用因素分析法？

因素分析法是依据财务指标与其驱动因素之间的关系，从数量上确定各因素对指标影响程度的一种方法。

1. 因素分析法的适用范围

因素分析法适用于多种因素构成的综合性指标分析，如成本、利润、资金周转率等方面的指标。

2. 因素分析法的技术意义

企业的财务活动是复杂的，如企业利润的形成及多少，要受到商品销售额、费用、税金等因素的影响和制约，即任何一项综合性财务指标，都是受许多因素影响的，而各因素之间的组合和排列又有多种形式，这些因素的不同变动方向、不同变动程度对综合指标的变动都具有重要的影响。

要想在错综复杂的、相互起作用的诸多因素中，分别测定出各个影响因素对综合性财务指标变动的影响程度，就必须运用抽象法，即在假定其他因素不变，而只有其中某一因素变动的情况下，来测定这一因素的影响程度。

3. 因素分析法的形式及运用程序

因素分析法可分为连环替代法和差额分析法两种形式。差额分析法实际上是连环替代法的一种简化形式。

连环替代法是把财务指标分解为各个可以计量的因素，再根据因素之间的内在逻辑关系，顺次地测定这些因素对财务指标的影响方向和影响程度的一种方法。

连环替代法的运用程序如图6-5所示。

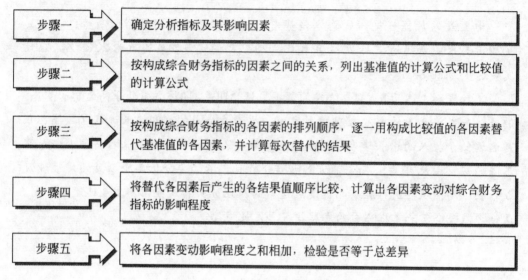

步骤一 → 确定分析指标及其影响因素

步骤二 → 按构成综合财务指标的因素之间的关系，列出基准值的计算公式和比较值的计算公式

步骤三 → 按构成综合财务指标的各因素的排列顺序，逐一用构成比较值的各因素替代基准值的各因素，并计算每次替代的结果

步骤四 → 将替代各因素后产生的各结果值顺序比较，计算出各因素变动对综合财务指标的影响程度

步骤五 → 将各因素变动影响程度之和相加，检验是否等于总差异

图 6-5　连环替代法的运用程序

第一步：确定分析指标及其影响因素。

运用指标分解法，将财务总指标进行分解或扩展，从而得出分析指标与其影响因素之间的关系式：

$$Y = a \times b \times c$$

例如，资产净利率可以进行如下的分解：

$$
\begin{aligned}
资产净利率 &= \frac{净利润}{平均总资产} \\
&= \frac{总产值}{平均总资产} \times \frac{销售收入}{总产值} \times \frac{净利润}{销售收入} \\
&= 资产生产率 \times 产品销售率 \times 销售净利率
\end{aligned}
\tag{①}
$$

根据公式①的分解可见，企业资产净利率的影响因素有资产生产率、产品销售率和销售利润率三个因素。这三个因素分别反映了企业的生产效率、销售效率和生产成本水平。对资产净利率进行分解，并按照因素分解进行分析，便能够发现影响资产净利率变动的具体原因，进而为提高资产净利率提供科学、准确的指导。

例如，净资产收益率可以进行如下的分解：

$$净资产收益率 = \frac{净利润}{平均净资产}$$

$$= \frac{净利润}{销售收入} \times \frac{销售收入}{平均总资产} \times \frac{平均总资产}{平均净资产} \qquad ②$$

$$= 销售净利率 \times 总资产周转率 \times 权益乘数$$

公式②即著名的杜邦财务系统。

对净资产收益率还可以进行如下分解：

$$净资产收益率 = \frac{净利润}{平均净资产}$$

$$= \frac{息税前利润}{销售收入} \times \frac{销售收入}{平均总资产} \times \frac{税前利润}{息税前利润} \times \frac{平均总资产}{平均净资产} \times \frac{净利润}{税前利润}$$

$$= 经营利润率 \times 总资产周转率 \times 财务成本效应 \times 财务杠杆效应 \times 税收效应$$

第二步：按构成综合财务指标的因素之间的关系，列出基准值的计算公式和比较值的计算公式。

基准值：$Y_0 = a_0 \times b_0 \times c_0$ ③

比较值：$Y_1 = a_1 \times b_1 \times c_1$ ④

差异值：$\Delta' Y = Y_1 - Y_0$，即为分析对象。

第三步：按构成综合财务指标的各因素的排列顺序，逐一用构成比较值的各因素替代基准值的各因素，并计算出每次替代的结果。

替代排列在第一位置的 a，用 a_1 替换 a_0：

$Y_2 = a_1 \times b_0 \times c_0$ ⑤

替代排列在第二位置的 b，用 b_1 替换 b_0：

$Y_3 = a_1 \times b_1 \times c_0$ ⑥

替代排列在第三位置的 c，用 c_1 替换 c_0：

$Y_1 = a_1 \times b_1 \times c_1$ ⑦

注意：以上各式中，Y_2、Y_3、Y_1 分别表示 a、b、c 三个因素变动影响形成的结果值。

 相关链接‹···

确定因素顺序

应用因素分析法时，要正确规定各个因素的替换顺序，以保证分析计算结果的可比性。

如果随意改变替换顺序，在计算每一个因素的影响程度时，所依据的其他因素的条件不同，计算结果也会发生变化，分析的结论也就当然不同。

如何确定正确的排列顺序呢？这是一个理论上和实践中尚未解决的问题。按照统计学的一般原则，通常的做法是：数量指标在前，质量指标在后。现在也有人提出按照重要性原则进行先后排序。一般来说，排列顺序在前的因素对经济指标影响的程度不受其他因素影响或影响较小，排列在后的因素中含有其他因素共同作用的成分。目前的一般原则是：

·先数量指标，后质量指标。

·先基础指标，后派生指标。

·先实物量指标，后价值量指标。

·相邻指标相乘要有意义。

例如，对净资产收益率进行分解时，将销售性指标排在前面，结构性指标排在后面，并且相邻指标相乘具有经济意义。

如果既有基本的因素，又有从属的因素，一般先替换基本因素，然后再替换从属因素。

如果既有数量指标，又有质量指标，一般先替换数量指标，再替换质量指标。

如果影响因素中既有实物量指标，又有价值量指标，一般先替换实物量指标，再替换价值量指标。

第四步：将替代各因素后产生的各结果值顺序比较，计算出各因素变动对综合财务指标的影响程度。

$Y_2 - Y_0 = \Delta'a$，表示 a 因素变动对综合指标 Y 的影响程度。

$Y_3 - Y_2 = \Delta'b$，表示 b 因素变动对综合指标 Y 的影响程度。

$Y_1 - Y_3 = \Delta'c$，表示 c 因素变动对综合指标 Y 的影响程度。

分别反映 a、b、c 三个因素变动对综合指标 Y 的影响程度。

第五步：将各因素变动影响程度相加，检验是否等于总差异。

各个因素的影响数额的代数和等于财务指标的实际数与基数（计划数）之间的总差异值。

$\Delta'a + \Delta'b + \Delta'c = \Delta'Y$

下面以产品销售收入为例，说明因素分析法的应用。

影响产品销售收入的因素很多，按经济指标之间的关系可以综合为两个因素，即产品销售量和产品销售价格。这两个因素增减变动都会引起产品销售收入的增减，其关系可用公式表示为：

产品销售收入 = 产品销售单价 × 产品销售数量

通过比较分析，确定差异如下表所示。

因素分析法确定差异

项目	实际	计划	差异
销量（件）	250	200	50
单价（元）	480	500	−20
销售收入（元）	120 000	100 000	20 000

上表资料表明，产品销售收入实际比计划增加了 20 000 元，这是产品销售数量增加 50 件和产品销售单价降低 20 元两个因素综合影响而产生的结果。

为了确定这两个因素变动对产品销售收入变动的影响程度，可用因素分析法计算，如下表所示。

因素分析法计算

项目	实际	计划	对收入的影响
销量（件）	250	200	（250−200）×500=25 000
单价（元）	480	500	（480−500）×250=−5 000
收入变动额（元）	—	—	20 000

4. 差额分析法

差额分析法也称绝对分析法，是连环替代法的特殊形式，是利用各个因素的比较值与基准值之间的差额来计算各因素对分析指标的影响。它通过分析财务报表中有关科目的绝对数值的大小，来判断企业的财务状况和经营成果。

从连环替代法中已知：

$$Y = Y_1 - Y_0$$
$$Y_2 - Y_0 = \Delta'a$$
$$Y_3 - Y_2 = \Delta'b$$
$$Y_1 - Y_3 = \Delta'c$$

$\Delta'a$ 表示 a 因素变动对综合指标 Y 影响的程度数值。

$\Delta'b$ 表示 b 因素变动对综合指标 Y 影响的程度数值。

$\Delta'c$ 表示 c 因素变动对综合指标 Y 影响的程度数值。

所以有：

$$\Delta'a = a_1 \times b_0 \times c_0 - a_0 \times b_0 \times c_0$$
$$= （a_1 - a_0）\times b_0 \times c_0$$

同理：

$$\Delta' b = a_1 \times b_1 \times c_0 - a_1 \times b_0 \times c_0$$
$$= (b_1 - b_0) \times a_1 \times c_0$$
$$\Delta' c = a_1 \times b_1 \times c_1 - a_1 \times b_1 \times c_0$$
$$= (c_1 - c_0) \times a_1 \times b_1$$

比如，2021年和2022年某企业有关总资产报酬率、总资产产值率、产品销售率和销售利润率的资料如下表所示。

2021~2022年某企业的有关资料

单位：%

指标	2022年	2021年
总资产产值率	80	82
产品销售率	98	94
销售利润率	30	22
总资产报酬率	23.52	16.96

以下分别用连环替代法和差额分析法，分析各因素变动对总资产报酬率的影响程度。

1. 连环替代法

（1）确定分析指标与其影响因素之间的关系

总资产报酬率＝总资产产值率×产品销售率×销售利润率

（2）根据分析指标的报告期数值与基期数值列出两个关系式

实际指标体系：80%×98%×30%=23.52%

基期指标体系：82%×94%×22%=16.96%

分析对象是：23.52%-16.96%=+6.56%

（3）连环顺序替代

基期指标体系：82%×94%×22%=16.96%

替代第一因素：80%×94%×22%=16.54%

替代第二因素：80%×98%×22%=17.25%

替代第三因素：80%×98%×30%=23.52%

（4）确定各因素对总资产报酬率的影响程度

总资产产值率的影响：16.54%-16.96%=-0.42%

产品销售率的影响：17.25%-16.54%=+0.71%

销售利润率的影响：23.52%-17.25%=+6.27%

最后检验分析结果：-0.42%+0.71%+6.27%=+6.56%

2. 差额分析法

（1）分析对象

23.52%-16.96%=+6.56%

（2）因素分析

总资产产值率的影响：（80%-82%）×94%×22%=-0.41%

产品销售率的影响：80%×（98%-94%）×22%=+0.70%

销售利润率的影响：80%×98%×（30%-22%）=+6.27%

最后检验分析结果：-0.41%+0.70%+6.27%=+6.56%

第二周　财务分析指标

　　企业的财务分析是以会计核算为依据，对企业的筹资活动、投资活动、经营活动、分配活动、盈利能力、营运能力、偿债能力和增长能力等进行分析的活动体系。其最基本的功能是将大量的报表数据转换成对特定决策有用的信息，以减少决策的不确定性。

问题93：如何积累财务分析的素材？

　　财务经理可通过图 6-6 所示的措施来积累财务分析的素材。

1. 建立台账和数据库

　　通过会计核算形成了会计凭证、会计账簿和会计报表，但是，编写财务分析报告仅靠这些凭证、账簿、报表的

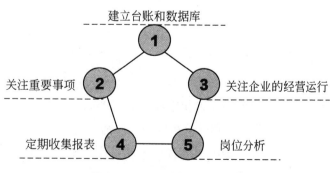

图6-6　积累财务分析的素材

数据往往还不够。例如，在分析经营费用与营业收入的比率增长原因时，往往需要分析不同区域、不同商品、不同责任人实现的收入与费用的关系，但这些数据不能从账簿中直接得到。这就要求分析人员平时要做大量的数据统计工作，对分析的项目区分性质、

用途、类别、区域、责任人，按月度、季度、年度进行统计，建立台账，以便在编写财务分析报告时有据可查。

2. 关注重要事项

财务经理对经营运行、财务状况中的重大变动事项要勤于做记录，记录事项发生的时间、计划、预算、责任人及发生变化的各影响因素；必要时马上做出分析判断，并将各部门的文件分类归档。

3. 关注企业的经营运行

财务经理应尽可能多地参加相关会议，以此了解生产、质量、市场、行政、投资、融资等各类情况。参加会议，可听取各方面意见，有利于财务分析和评价。

4. 定期收集报表

财务经理除收集会计核算方面的数据之外，还应要求企业生产、采购、市场等相关部门及时提交可利用的其他报表。对这些报表要认真审阅，及时发现问题、总结问题，养成多思考、多研究的习惯。

5. 岗位分析

财务分析工作往往由财务经理负责，但分析材料要靠每个岗位的财务人员提供。因此，要求所有财务人员对本职工作养成分析的习惯，这样既可以提升个人素质，也有利于各岗位之间相互借鉴经验。只有每个岗位都能发现问题、分析问题，才能编写出内容全面、有深度的财务分析报告。

问题94：如何评价企业偿债能力？

企业偿债能力是指企业用其资产偿还长期债务和短期债务的能力，也是反映企业财务状况和经营能力的重要标志。企业偿债能力有静态和动态之分。静态是指用企业资产清偿企业债务的能力；动态是指用企业资产和经营过程创造的收益偿还债务的能力。企业有无支付现金的能力和偿还债务的能力，是企业能否生存和健康发展的关键。企业偿债能力分析是企业财务分析的重要组成部分。

分析企业偿债能力的指标主要有流动比率、速动比率、现金流动负债比率、资产负债率、利息支付倍数。

1. 流动比率

（1）定义及计算公式

流动比率表示每1元流动负债有多少流动资产作为偿还的保证，反映了企业流动资产对流动负债的保障程度，其公式如下：

$$流动比率＝流动资产÷流动负债$$

（2）分析要点

一般情况下，该指标越大，表明企业短期偿债能力越强。通常情况下，该指标在2左右较好。在运用该指标分析企业短期偿债能力时，应结合存货的规模大小、周转速度、变现能力和变现价值等指标进行综合分析。如果某企业流动比率很高，但其存货规模大，周转速度慢，就有可能导致存货变现能力减弱，变现价值降低，那么该企业的实际短期偿债能力就要比指标反映的能力弱。而速动比率指标则能避免发生这种情况，因为速动资产就是指流动资产中容易变现的那部分资产。

2. 速动比率

（1）定义及计算公式

速动比率表示每1元流动负债有多少速动资产作为偿还的保证，该指标进一步反映了企业流动资产对流动负债的保障程度，其计算公式如下：

$$速动比率＝（流动资产－存货净额）÷流动负债$$

（2）分析要点

一般情况下，该指标越大，表明企业短期偿债能力越强。通常情况下，该指标在1左右较好。在运用该指标分析企业短期偿债能力时，应结合应收账款的规模、周转速度和其他应收款的规模，以及它们的变现能力进行综合分析。如果某企业速动比率很高，但应收账款周转速度慢，而且应收账款与其他应收款的规模大，变现能力差，那么企业较为真实的短期偿债能力要比该指标反映的能力差。

如果发现某些流动资产项目的变现能力差或无法变现，那么在运用流动比率和速动比率分析企业短期偿债能力时，还应扣除这些项目的影响。

3. 现金流动负债比率

（1）定义及计算公式

现金流动负债比率是企业一定时期内经营现金净流量与流动负债的比率，它可以从现金流量角度来反映企业当期偿付短期负债的能力，其计算公式如下：

$$现金流动负债比率＝年经营现金净流量÷年末流动负债$$

（2）分析要点

该指标从现金流入和流出的动态角度对企业的实际偿债能力进行考察，反映了本期经营活动所产生的现金净流量足以抵付流动负债的倍数。

一般情况下，该指标大于1，表示企业流动负债的偿还有可靠保证。该指标越大，表明企业经营活动产生的现金净流量越多，越能保障企业按期偿还到期债务。但并不是指标越大越好，该指标过大则表明企业现有的生产能力不能充分吸收现有的资产，使资产过多地停留在盈利能力较低的流动资金上（如银行存款只能获取存款利息），从而降低了企业的盈利能力。

4. 资产负债率

（1）定义及计算公式

资产负债率又称债务比率，它是全部负债总额除以全部资产总额的百分比，也就是负债总额与资产总额的比例关系。资产负债率表明在资产总额中有多大比例是通过借债筹资的，用以反映企业利用债权人资金进行财务活动的能力。同时，它也能反映企业在清算时对债权人利益的保护程度，其计算公式如下：

$$资产负债率 = \frac{负债总额}{资产总额} \times 100\%$$

资产负债率是衡量企业负债水平及风险程度的重要标志。

（2）分析要点

资产负债率又称财务杠杆，由于所有者权益不需要偿还，因此财务杠杆越高，债权人所受的保障越低。但并不是说财务杠杆越低越好，因为一定的负债表明企业的管理者能够有效地运用股东的资金，帮助股东用较少的资金进行较大规模的经营，所以，财务杠杆过低，表明企业没有很好地利用股东资金。

通常情况下，企业的资产负债率越大，企业面临的财务风险也就越大。合理、稳健的财务结构的资产负债率应保持在 55%～65%，资产负债率在 70% 以上就应当警惕企业发生财务风险的可能。

5. 利息支付倍数

（1）定义及计算公式

利息支付倍数表示息税前收益对利息费用的倍数，反映的是企业负债经营的财务风险程度，其计算公式如下：

$$利息支付倍数 = 息税前利润 \div 利息费用$$
$$= （利润总额 + 利息费用）\div 利息费用$$

公式中的"利息费用"不仅包括财务费用中的利息费用，还包括计入固定资产成本的资本化利息。

（2）分析要点

利息保障倍数不仅反映了企业获利能力的大小，而且反映了获利能力对偿还到期债务的保证程度，它既是企业举债经营的前提依据，也是衡量企业长期偿债能力的重要标志。

要维持正常偿债能力，利息保障倍数至少应大于1，且比值越高，企业长期偿债能力越强，负债经营的财务风险就越小。如果倍数低于1，就意味着企业赚取的利润根本不足以支付利息，企业将面临亏损、偿债安全性与稳定性下降的风险。

问题95：如何评价企业运营能力？

企业运营能力是以企业各项资产的周转速度来衡量企业资产的利用效率。周转速度越快，表明企业各项资产进入生产、销售等经营环节的速度越快，那么其形成收入和利润的周期就越短，经营效率也就越高。

一般来说，分析企业运营能力的指标主要有流动资产周转率、存货周转率、应收账款周转率、固定资产周转率、总资产周转率等。

1. 流动资产周转率

（1）定义及计算公式

流动资产周转率既是反映流动资产周转速度的指标，也是综合反映流动资产利用效果的基本指标。它是一定时期内流动资产周转额与流动资产平均占用额的比率，用流动资产的占用量和其所完成工作量的关系来表明流动资产的使用经济效益，其计算公式如下：

$$流动资产周转率 = \frac{主营业务收入净额}{流动资产平均余额}$$

$$流动资产周转天数 = 计算期天数 \div 流动资产周转率$$

对于计算期天数，为了计算方便，全年按360天计算，全季按90天计算，全月按30天计算。对于流动资产平均余额的确定，要注意用平均占用额而不能用期末或期初占用额。周转额一般是指企业在报告期内从货币到商品再到货币这一循环过程流动资产的数额，它既可用销售收入表示，也可用销售成本表示。

（2）分析要点

流动资产在一定时期内的周转率越高，每周转一次所需要的天数就越少，周转速度就越快，流动资产运营能力就越好；反之，周转速度越慢，流动资产运营能力也就越差。

2. 存货周转率

（1）定义及计算公式

存货周转率是指企业在一定时期内存货占用资金可周转的次数，或存货每周转一次所需要的天数。存货周转率指标有存货周转次数和存货周转天数两种形式，其计算公式如下：

$$存货周转率 = 销售（营业）成本 \div 存货平均余额 \times 100\%$$

$$存货周转率 = 销售（营业）收入 \div 存货平均余额 \times 100\%$$

$$存货周转天数 = 360天 \div 存货周转率$$

需要注意的是，存货周转率和周转天数的实质是相同的。但是其评价标准却不同，存货周转率是一个正指标，因此，周转率越高越好。

（2）分析要点

一般来说，存货周转率越高，存货积压的风险就越小，资金使用效率就越高；相反，存货周转率低，表明企业在存货管理上存在较多问题。

影响存货周转率的因素有很多，但它主要受材料周转率、在产品周转率和产成品周转率的影响。通过不同时期存货周转率的比较，可查找出影响存货利用效果变动的原因，不断提高企业的存货管理水平。

存货周转速度偏低，可能由图 6-7 所示的三个原因引起。

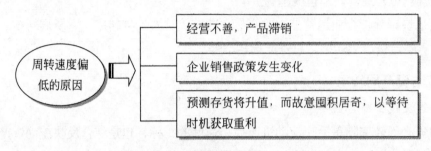

图 6-7　存货周转速度偏低的原因

3.应收账款周转率

（1）定义及计算公式

应收账款周转率反映了应收账款的变现速度，它是对流动资产周转率的补充说明，其计算公式如下：

$$应收账款周转率＝销售（营业）收入净额÷应收账款平均余额×100\%$$
$$应收账款平均余额＝（期初应收账款＋期末应收账款）÷2$$
$$应收账款周转天数＝360天÷应收账款周转率$$

（2）应收账款周转率分析的意义

应收账款周转率反映的是企业应收账款变现速度的快慢及管理效率的高低。周转率高，表明企业收账迅速，账龄期限较短，可以减少收账费用和坏账损失，从而相对增加企业流动资产的投资收益。

当然，周转率过高，不利于企业扩大销售，也不利于提高产品市场占有率。因此，企业应加强对应收账款的管理，在发挥应收账款强化竞争、扩大销售的同时，尽可能降低应收账款投资的机会成本、坏账损失与管理成本。

具体来说，企业应制定严格、合理、有效的应收账款管理措施。

相关链接◂ ┈┈┈┈┈┈┈┈┈┈┈┈┈┈┈┈┈┈┈┈┈┈┈┈┈┈┈┈┈┈┈┈┈┈┈┈┈┈

应收账款管理措施

1.制定合理的信用标准

制定合理的信用标准是指给客户制定的要获得赊销必须具备的条件，这些条件主要包括以下三个方面：

（1）偿债能力指标，通常以流动比率、速动比率、现金比率、产权比率等作为标准。

（2）运营能力指标，通常以存货周转率、应收账款周转率等作为标准。

（3）盈利能力指标，通常以已获利息倍数、总资产息税前利润率、净资产收益率等作为标准。

这些指标只有达到一定的标准，企业才能进行赊销；否则，宁可不销，也要避免坏账的产生。

信用标准定得过高，有利于降低违约风险及收账费用；不利之处是使许多客户因信用品质达不到标准而被拒之门外，从而影响企业市场竞争力的提高和销售收入的扩大。

相反，如果企业采用较低的信用标准，虽然有利于扩大销售，提高市场竞争力和占有率，但需要承担较大的坏账损失风险和支付较高的收账费用。

这样一来，就要求企业根据自身抗风险能力、市场竞争激烈程度、客户的资信程度，来确定一个既为客户所接受又有利于销售的信用标准。

2. 制定合适的信用条件

即制定具体的客户付款条件，主要包括信用期限（企业要求客户付款的最长期限）、折扣期限（客户获得折扣的付款期限）、现金折扣（客户在折扣期内付款获得的现金折扣率）。

3. 制定有效的收账方针

当客户违反信用条件，拖欠甚至拒付账款时，企业应及时采取有效措施，加以催收。企业应根据欠款的多少、不同信用品质的客户，采取不同的措施，要多渠道、多方法、有重点地催收。

总而言之，计算并分析应收账款周转率的目的在于促进企业通过制定合理的赊销政策，严格购销合同管理，及时结算，加强应收账款前、中、后期的管理，加快应收账款的回收速度。

（3）应收账款周转率的分析要点

应收账款周转率的分析要点如图6-8所示。

要点一	影响应收账款周转率的原因主要是企业的信用政策、客户故意拖延和客户财务困难
要点二	应收账款是时点指标，易受季节性、偶然性和人为因素的影响。为了使该指标尽可能接近实际值，计算平均数时应采用尽可能详细的资料
要点三	过快的应收账款周转率可能是由紧缩的信用政策引起的，其结果可能危及企业的销售增长，损害企业的市场占有率

图6-8

要点四	现金销售比例越大，则该比率作用越小
要点五	必要时研讨出部门内外的共同目标。销售波动越大，则该比率被歪曲的可能性越大

图 6-8　应收账款周转率的分析要点

4. 固定资产周转率

（1）定义及计算公式

固定资产周转率是企业在一定时期内所实现的收入与固定资产平均净值之间的比率，其计算公式如下：

固定资产周转率 = 销售（营业）收入净额 ÷ 平均固定资产净值 ×100%

固定资产周转天数 = 360 天 ÷ 固定资产周转率

（2）分析要点

固定资产周转率指标的数值越高，表示一定时期内固定资产提供的收入越多，说明固定资产利用效果越好。因为收入指标比总产值更能准确地反映经济效益，所以固定资产周转率能更好地反映固定资产的利用效果。

固定资产周转率高，表明企业固定资产投资得当，固定资产结构合理，能够充分发挥效率。反之，则表明固定资产使用效率低，提供的生产成果少，企业的运营能力弱。

固定资产结构合理是指企业生产用和非生产用固定资产保持一个恰当的比例，即生产用固定资产应全部投入使用，能满足负荷运行，并能完全满足生产经营的需要；而非生产用固定资产应能确实担当起服务的职责。

5. 总资产周转率

（1）定义及计算公式

总资产周转率是综合评价企业全部资产经营质量和利用效率的重要指标，其计算公式如下：

总资产周转率 = 销售（营业）收入净额 ÷ 平均资产余额 ×100%

总资产周转天数 = 360 天 ÷ 总资产周转率

（2）分析要点

该指标反映了企业收入与资产占用之间的关系。通常情况下，总资产周转率越高，表明企业全部资产运营能力越强，运营效率越高。

由于总资产是由流动资产、固定资产、长期投资、无形资产等组成，因此，总资产周转率的高低取决于这些资产的利用效率。企业可分项进行计算和分析，从中找到影响总资产周转率高低的原因，以便采取相应对策，解决存在的问题。

要对总资产周转率做出客观、全面的分析，企业还应从以下两个方面着手：

（1）纵向比较，对企业近几年来的总资产周转率进行对比。

（2）横向比较，将本企业与同类企业的总资产周转率进行对比。

通过纵向和横向的比较，可以发现企业在资产利用上取得的成绩与存在的问题，从而促使企业加强经营管理，提高总资产利用率。

 相关链接

影响总资产周转率的因素

影响总资产周转率的因素主要有以下两个：

1. 流动资产周转率

因为流动资产的周转速度往往高于其他类资产的周转速度，所以加速流动资产周转，就会使总资产周转速度加快；反之，则会使总资产周转速度减慢。

2. 流动资产占总资产的比重

因为流动资产周转速度快于其他类资产周转速度，所以企业流动资产所占比例越大，总资产周转速度越快；反之，总资产周转速度越慢。

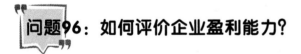 问题96：如何评价企业盈利能力？

企业盈利能力是各方面关心的核心，是投资者取得投资收益、债权人收取本息的资金来源；是经营者经营业绩和管理效能的集中表现；也是职工集体福利设施不断完善的重要保障。只有保持长期盈利，企业才能真正做到持续经营。因此，无论是投资者还是债权人，都非常重视反映企业盈利能力的指标。

我们可以利用会计报表中的信息，从表6-4所示的四个角度来评价企业的盈利能力。

表6-4　企业盈利能力评价指标

企业盈利能力评价指标	意义
销售毛利率	商品的竞争力
销售利润率	行业的盈利水平
净资产收益率	投资者的回报
市盈率	从市场的角度看盈利

1. 销售毛利率

（1）定义及计算公式

销售毛利率反映了企业产品或商品销售的初始获利能力。从企业营销策略来看，没有足够大的毛利率便不能形成较大的盈利，其计算公式如下：

$$销售毛利率 = （销售毛利 \div 销售收入）\times 100\%$$
$$= （销售收入 - 销售成本）\div 销售收入 \times 100\%$$

毛利是指净销售收入与销售成本之间的差额，而销售成本则是期初存货加上期间进货再减去期末存货的结果。

有的企业还经常使用销售成本率，其计算公式如下：

$$销售成本率 = 销售成本 \div 销售收入净额 \times 100\%。$$

销售成本率实际上是1减去毛利率后的余数；反过来说，毛利率等于1减去销售成本率。

总而言之，毛利率或销售成本率是商品售价与生产成本各种组合关系的反映，而售价和成本又直接受销售数量的影响。

（2）分析要点

销售毛利率主要考察的是企业商品在市场上竞争能力的强弱，如果企业的销售毛利率指标高，那么企业商品在市场上的竞争能力就强；相反，如果销售毛利率指标低，则说明企业商品的市场竞争力弱。

 **相关链接**〈

导致毛利率下降的原因

导致毛利率下降的原因主要有以下四个：

（1）因竞争而降低售价。

（2）购货成本或生产成本上升。

（3）生产（销售）的产品（商品）的结构发生变化，毛利率水平较高的产品（商品）的生产（销售）量占总量的比重下降，其原因可能是市场发生了变化。

（4）发生严重的存货损失（指在定期实地盘存制下）。

假如企业的毛利率或销售成本率发生了变化，其原因可从以下三个方面分析：

①是原材料、中间产品的成本增加了，还是支付给工人的工资增加了，或是能源及其他公用事业费用提高了？

②是薄利的商品卖多了，还是由于市场竞争激烈企业被迫降价出售商品？

③是生产技术、营销手段过时、落后了，还是新开发投产的产品成本过高？

　　此外，会计制度或准则中有关存货和折旧等的处理方法变更引起企业当期利润减少等，都有可能引起企业的销售成本率提高和毛利率下降。

2. 销售利润率

（1）定义及计算公式

　　销售利润率是企业在一定时期内销售利润总额与销售收入总额的比率。它表明了单位销售收入获得的利润，反映的是销售收入和利润的关系，其计算公式如下：

$$销售利润率＝利润总额÷营业收入×100\%$$

　　息税前利润率又称基本获利率，它是企业息税前利润与总资产平均余额之比，反映了企业总体的获利能力，其计算公式如下：

$$息税前利润率＝（利润总额＋利息费用）÷营业收入×100\%$$

　　该指标不考虑企业资金来源，可消除由于举债经营而支付利息对利润水平产生的影响，便于企业进行前、后期的分析比较。

（2）比率的意义

　　这一比率的意义在于，指标的变化反映了企业经营理财状况的稳定性、面临的危险或可能出现的转机。

　　销售利润率指标体现了企业经营活动最基本的盈利能力，如果一家企业没有足够大的销售利润率，将很难形成最终利润。因此，将销售利润率指标与企业的销售收入、销售成本等因素结合起来进行分析，就能够充分揭示出企业在成本控制、费用管理、产品销售以及经营策略等方面的成绩与不足。同时，如该指标较高，则说明企业产品的定价科学，产品附加值高，营销策略得当，主营业务市场竞争力强，发展潜力大，盈利水平高。

（3）分析要点

①结果越大，说明每百元销售收入净额所取得的利润总额越多。

②比营业利润率更具综合性。

3. 净资产收益率

（1）定义及计算公式

　　净资产收益率是企业税后净利润除以平均净资产得到的百分比率，用以衡量企业运用自有资本的效率。净资产收益率可衡量企业对股东投入资本的利用效率，其计算公式如下：

$$净资产利润率＝净利润÷平均净资产×100\%$$

（2）分析要点

① 净资产收益率越高，说明股东投资的收益水平越高，盈利能力越强，企业经营能力越强；反之，则收益水平较低，获利能力较弱。

② 月净资产收益率与年净资产收益率应换算。

4. 市盈率

（1）定义及计算公式

市盈率是股份企业或者上市企业中表明企业盈利能力的指标，其计算公式如下：

$$市盈率 = 股票的现价 \div 每股盈余$$

（2）分析要点

市盈率表明股票价格与企业盈利有直接关系。市盈率越高，表明市场对企业股票的认同越大；相反，市盈率越低，表明市场对企业股票的认同越小。当然，在一个不断发生变化的市场上，股票价格与企业盈利的关系并不是很明显。因为股票的价格除了受经济因素的影响外，还受非经济因素的影响。

问题97：如何评价企业发展能力？

企业发展能力是指企业未来发展趋势与发展速度，包括企业规模的扩大、利润和所有者权益的增加。企业发展能力分析的目的是表明企业的长远扩展能力和未来的生产经营实力。对企业发展能力的分析，可以判断企业未来经营活动现金流量的变动趋势，也可以预测企业未来现金流量的大小。

企业发展能力分析的指标有：主营业务增长率、主营利润增长率、净利润增长率、资本积累率。

1. 主营业务增长率

（1）定义及计算公式

主营业务增长率是企业本年营业收入增长额与上年营业收入总额的比率，反映的是企业营业收入的增减变动情况，其计算公式如下：

$$主营业务增长率 = \frac{本期主营业务收入 - 上期主要业务收入}{上期主营业务收入} \times 100\%$$

（2）分析要点

主营业务收入增长率可以用来衡量企业的产品生命周期，判断企业发展所处的阶段。

①如果主营业务收入增长率超过 10%，说明企业产品处于成长期，将继续保持较好

的增长势头，尚未面临产品更新的风险，属于成长型企业。

②如果主营业务收入增长率在 5% ~ 10%，说明企业产品已进入稳定期，不久将进入衰退期，企业需要着手开发新产品。

③如果主营业务收入增长率低于 5%，说明企业产品已进入衰退期，保持市场份额已经很困难，主营业务利润开始下滑。

④主营业务收入增长率高，表明企业产品的市场需求大，业务扩张能力强。

2. 主营利润增长率

（1）定义及计算公式

主营利润增长率是本期主营业务利润与上期主营业务利润之差再除以上期主营业务利润的值。该指标体现的是企业主营利润的增长速度，其计算公式如下：

$$主营利润增长率 = \frac{本期主营业务利润 - 上期主营业务利润}{上期主营业务利润} \times 100\%$$

（2）分析要点

一般来说，主营利润稳定增长且占利润总额的比例呈增长趋势，说明该企业的成长能力强。一些企业尽管年度内利润总额有增加，但主营业务利润却未相应增加，甚至大幅下降，说明这样的企业质量不高，可能蕴藏着巨大的风险。

3. 净利润增长率

（1）定义及计算公式

净利润增长率代表企业当期净利润比上期净利润的增长幅度，该指标值越大，表明企业盈利能力越强，其计算公式如下：

$$净利润增长率 = \frac{本期净利润总额 - 上期净利润总额}{上期净利润总额} \times 100\%$$

（2）分析要点

净利润增长率反映了企业实现价值最大化的扩张速度，是综合衡量企业资产营运与管理业绩，以及成长状况和发展能力的重要指标。净利润增长幅较大，表明企业的经营业绩突出，市场竞争能力强；反之，净利润增幅小甚至出现负增长，也就谈不上具有成长性。

4. 资本积累率

（1）定义及计算公式

资本积累率即股东权益增长率，它是指企业当年所有者权益增长额同年初所有者权益的比率。资本积累率表示企业当年的资本积累能力，是评价企业发展潜力的重要指标，其计算公式如下：

$$资本积累率 = \frac{年末所有者权益 - 年初所有者权益}{年初所有者权益} \times 100\%$$

（2）分析要点

资本积累率反映了投资者投入企业资本的保全性和增长性，该指标越高，表明企业的资本积累越多，企业资本保全性越强，持续发展的能力越大。该指标如为负值，则表明企业的资本受到侵蚀，所有者利益受到损害，这时企业要予以充分重视。资本积累率体现了企业资本的积累情况，是企业发展强大的重要标志，也是企业扩大再生产的源泉，展示了企业的发展潜力。

以上指标在具体运用评价时，使用的基本方法就是比较法。好和坏是相对而言的，只要找到了评价标准，就能够知道评价的结果。通常情况下，所选用的评价标准主要有图 6-9 所示的两个。

与企业不同期间比较	与同行业企业比较
通常和上年度比较。例如，毛利率比上年是增加了还是下降了，产品的获利水平是提高了还是降低了	企业可以与同行业的先进企业进行比较，也可以与同行业的平均水平比较，这样能够发现企业的优势和不足，找到差距，从而改进经营方针政策和措施

图 6-9　评价标准

问题98：如何做好财务趋势分析？

财务趋势分析是通过比较企业连续几期的财务报表或财务比率，来了解企业财务状况变化的趋势，并以此来预测企业未来的财务状况，判断企业的发展前景。在具体分析时，可以运用表 6-5 至表 6-8 所示的几个表格。

表 6-5　比较资产负债表（部分）

项目	2020 年年末	2021 年年末	2022 年年末
流动资产 交易性金融资产 　应收票据 　应收账款 　预付款项			

续表

项目	2020 年年末	2021 年年末	2022 年年末
应收利息			
应收股利			
其他应收款			
存货			
一年内到期的非流动资产			
其他流动资产			
流动资产合计			
非流动资产：			
债权投资			
长期应收款			
长期股权投资			
投资性房地产			
……			

表 6-6　比较利润表

项目	2020 年年末	2021 年年末	2022 年年末
一、营业收入			
减：营业成本			
营业税金及附加			
销售费用			
管理费用			
财务费用			
资产减值损失			
加：公允价值变动收益（损失以"-"号填列）			
投资收益（损失以"-"号填列）			
其中：对联营企业和合营企业的投资收益			
资产处置收益（损失以"-"号填列）			
二、营业利润（亏损以"-"号填列）			
加：营业外收入			
减：营业外支出			
三、利润总额（亏损以"-"号填列）			
减：所得税费用			
四、净利润（净亏损以"-"号填列）			
五、每股收益			
（一）基本每股收益			
（二）稀释每股收益			

表 6-7　比较百分比资产负债表

项目	2020 年年末	2021 年年末	2022 年年末
流动资产 非流动资产 资产总额 流动负债 长期负债 负债总额 股东权益 负债及股东权益总额			

表 6-8　比较财务比率

项目	2020 年年末	2021 年年末	2022 年年末
流动比率 速动比率 资产负债率 应收账款周转率 存货周转率 总资产周转率 资产报酬率 股东权益报酬率 销售净利率			

问题99：如何做好财务综合分析？

1. 财务比率综合评分法

财务比率综合评分法是指通过对选定的几项财务比率进行评分，然后计算出综合得分，并据此评价企业综合财务状况的方法。财务比率综合评分法的程序如下：

（1）选定评价财务状况的财务比率。

（2）确定财务比率标准评分值。

（3）确定财务比率评分值的上下限。

（4）确定财务比率的标准值。

（5）计算关系比率。

（6）计算各项财务比率的实际得分。

财务比率综合评分表如表 6-9 所示。

表 6-9 财务比率综合评分表

财务比率	评分值（1）	上／下限（2）	标准值（3）	实际值（4）	关系比率（5）＝（4）÷（3）	实际得分（6）＝（1）×（5）
流动比率						
速动比率						
资产／负债						
存货周转率						
应收账款周转率						
总资产周转率						
资产报酬率						
股权报酬率						
销售净利率						
合计						

2. 杜邦分析法

杜邦分析法（DuPont Analysis）是利用几种主要的财务比率之间的关系来综合分析企业的财务状况。净资产收益率是杜邦分析的核心指标。在运用杜邦分析法时要关注以下四个重要的等式关系：

$$股东权益报酬率 = 资产净利率 \times 权益乘数$$
$$资产净利率 = 销售净利率 \times 总资产周转率$$
$$销售净利率 = 净利润 \div 销售收入$$
$$总资产周转率 = 销售收入 \div 资产平均总额$$

杜邦分析系统图如图 6-10 所示。

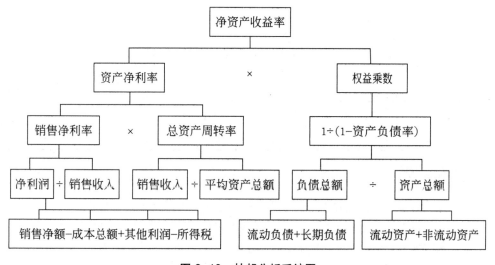

图 6-10 杜邦分析系统图

第三周　了解财务风险

财务风险是指企业财务结构不合理、融资不当使企业可能丧失偿债能力而导致投资者预期收益下降的风险。

问题100：财务风险有哪些类别？

企业的财务风险贯穿于生产经营的整个过程，可分为筹资风险、投资风险、经营风险、存货管理风险和现金流量风险等几个方面，如表6-10所示。

表6-10　财务风险的类别

序号	风险类别	风险说明
1	筹资风险	筹资风险指由于资金供需市场、宏观经济环境发生变化，使企业筹集资金给财务成果带来不确定性
2	投资风险	投资风险指企业投入一定资金后，因市场需求变化而使最终收益与预期收益偏离
3	经营风险	经营风险是指在企业的生产经营过程中，供、产、销各个环节的不确定因素导致企业资金运动迟滞、企业价值变动
4	现金流量风险	现金流量风险产生于企业正常的运营过程，由于权责发生制与收付实现制的偏离，导致企业货币资金回收的金额和回收时间不确定，此时，企业债务规模过大或债务期限结构不合理，有可能会使偿债能力急剧下降，现金支出压力陡升，进而陷入财务困境
5	存货管理风险	保持一定量的存货对企业进行正常生产来说是至关重要的，但如何确定最优库存量是一个比较棘手的问题。存货太多会导致产品积压，占用企业资金，风险较高；存货太少又可能导致原料供应不及时，影响企业的正常生产，严重时还可能造成对客户的违约，影响企业的信誉
6	连带财务风险	是指企业其他各项关联活动失败而诱发的风险。如，企业为其他单位提供贷款担保而可能产生的财务风险
7	外汇风险	由于汇率变动而引起的企业财务成果的不确定性，包括交易风险、换算风险、投机风险等

> **小提示**
>
> 　　财务风险广泛存在于企业的经营管理活动中，并且对企业财务目标的实现有着重要的影响，是无法回避和忽视的。因此，在财务管理工作中，只有充分了解财务风险的特征，才能对其进行有力的防范和化解。

问题101：财务风险有什么特征?

企业财务风险的主要特征如表 6-11 所示。

表 6-11　企业财务风险的主要特征

序号	主要特征	具体说明
1	客观性	即风险处处存在，时时存在。也就是说，财务风险不以人的意志为转移，人们无法回避它，也无法消除它，只能通过各种技术手段来应对风险，进而规避风险
2	全面性	即财务风险存在于企业财务管理工作的各个环节。在资金筹集、资金运用、资金积累、资金分配等财务活动中均会产生财务风险
3	不确定性	即财务风险在一定条件下、一定时期内有可能发生，也有可能不发生。由于受到宏观环境或微观环境、外部环境或内部环境、硬环境或软环境等各种复杂因素的影响和干扰，财务风险是否发生、什么时候发生、以什么形式发生、发生程度如何等都是不确定的
4	涉及范围广泛	这主要体现在两个方面:从纵向方面而言，财务风险存在于企业资金筹集、资金运用、资金积累和资金分配等财务管理的全过程，并体现在多种财务关系上；从横向方面看，财务风险不仅存在于营利企业，还存在于非营利组织。任何组织的发展都离不开一定的财力支持，当一个组织的财务管理水平与周围环境不相适应时，财务风险的产生就不可避免了
5	收益与损失共存	即风险与收益成正比，风险越大，收益越高，反之收益就越低

问题102：财务风险产生的原因是什么?

不同企业财务风险形成的具体原因也不尽相同，总体来说，有图 6-11 所示的几个方面。

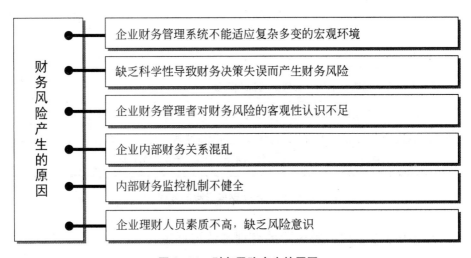

图 6-11　财务风险产生的原因

1. 企业财务管理系统不能适应复杂多变的宏观环境

企业财务管理的宏观环境复杂多变是企业产生财务风险的外在原因。众所周知，持续的通货膨胀将使企业资金供给持续短缺，货币性资金持续贬值，实物性资金相对升值，资金成本持续升高。例如，世界原油价格上涨导致成品油价格上涨，使企业增加了运营成本，减少了利润，无法实现预期收益。而利率的变动必然会产生利率风险，如利息支付过多的风险、产生利息的投资发生亏损的风险和不能履行偿债义务的风险等。市场风险因素也会对财务风险有很大的影响。这些因素存在于企业之外，但对企业财务管理产生了重大影响。宏观环境的变化对企业来说，是难以准确预测和无法改变的。宏观环境的不利变化必然给企业带来财务风险。财务管理的环境具有复杂性和多变性等特点，外部环境变化可能为企业带来某种机会，也可能使企业面临风险。财务管理系统如果不能适应复杂多变的外部环境，必然使企业理财陷入困境。

2. 缺乏科学性导致财务决策失误而产生财务风险

财务决策失误是产生财务风险的最直接原因。目前，我国企业的财务决策普遍存在着经验决策和主观决策等现象，这导致决策失误经常发生，从而产生财务风险，具体表现如图 6-12 所示。

1 固定资产投资决策缺乏科学性，导致投资失误

在固定资产投资决策过程中，由于企业对投资项目的可行性缺乏周密、系统的分析和研究，加之决策所依据的经济信息不全面、不真实以及决策者决策能力低下等原因，导致投资决策失误频繁发生。决策失误使投资项目不能获得预期收益，投资无法按期收回，从而为企业带来巨大的财务风险

2 对外投资决策失误，导致大量投资损失

企业对外投资包括有价证券投资、联营投资等。由于投资者对投资风险的认识不足，缺乏科学的论证，导致企业盲目投资和投资决策失误，使企业产生巨大的投资损失，由此产生很大的财务风险

3 筹资规模和结构决策不当，导致财务风险产生

有的企业盲目地扩大生产规模，而本身资金又不够，只好对外筹集大量的负债资金，造成资金结构不合理，负债资金占全部资金的比例过高。很多企业的资产负债率达30%以上，使企业财务负担沉重，偿付能力不足，由此产生财务风险

图 6-12　产生财务风险的表现

3. 企业财务管理者对财务风险的客观性认识不足

许多企业的财务管理人员缺乏风险意识，认为只要管好、用好资金，就不会产生财

务风险。风险意识淡薄是财务风险产生的重要原因之一。由于我国市场已成为买方市场，企业普遍存在产品滞销的现象。一些企业为了增加销量，扩大市场占有率，采用赊销方式销售产品，使企业应收账款大量增加。同时，企业在赊销过程中，由于对客户的信用等级缺乏了解与控制，盲目赊销，造成应收账款失控，使大量的应收账款长期无法收回，直至成为坏账。资产长期被债务人无偿占用，也会严重影响企业资产的流动性及安全性，给企业带来巨大的财务风险。

4. 企业内部财务关系混乱

企业内部财务关系混乱是财务风险的又一重要成因。企业在资金管理、利益分配等方面存在的权责不明、管理混乱等现象，使得资金使用效率低下，资产流失严重，资金的安全性、完整性无法得到保证，如企业资金结构不合理、负债资金比例过高等。资金结构主要是指企业全部资金中权益资金与负债资金的比例关系。由于筹资决策失误等原因，企业资金结构不合理的现象普遍存在，具体表现为负债在资金结构中比例过高。

5. 内部财务监控机制不健全

内部财务监控是企业财务管理系统中一个非常重要且相当独特的部分，为使其充分发挥职能作用，企业不仅应该设置独立的组织机构，还应根据企业的特点，建立起一套比较完整的、系统的、强有力的内部财务监控制度，这样才能保证企业内部财务监控系统的高效运行。而大多企业没有建立内部财务监控机制，即使有，财务监督制度的执行也不严格，特别是有的企业，管理与监督合二为一，缺乏资产损失责任追究制度，对财经纪律置若罔闻，难以进行有效的约束，这样极易引发财务风险。

6. 企业理财人员素质不高，缺乏风险意识

任何系统的运行，人都是非常重要的条件，高素质的理财人员，更是企业不可多得的财富。就目前的情况看，企业理财人员的综合素质和业务素质都有待提高，其理财观念和理财方法，特别是职业道德和职业判断能力，还不能在更大程度上适应市场经济环境的要求。

问题103：如何评价企业的财务风险水平？

虽然财务风险无法准确预期，但也不是无法预测。企业可以通过有关经营、财务指标来评价风险水平的高低。财务风险的评价分析可以用两种方法进行，即杠杆分析法和概率分析法。

1. 杠杆分析法

杠杆分析法是指通过对财务杠杆系数（DFL）的分析来衡量企业融资风险的大小及

财务杠杆利益的高低。财务杠杆系数是指普通股每股税后利润（EPS）变动率相对于息税前利润（EBIT）变动率的倍数，其公式如下：

$$DFL=(\triangle EPS/EPS)/(\triangle EBIT/EBIT)=EBIT/(EBIT-I)$$

企业使用财务杠杆的目的是想通过长期债务或发行优先股来对企业资产进行资金融通，并对这些资产加以合理充分的利用，产生一个高于固定资本成本的投资报酬率，从而提高普通股的每股收益。然而，长期债务的利息、租赁合同下的租金及优先股股息等是固定性支出，如果企业对其所拥有的各项资产加以利用后，所赚回的利润低于这些固定性支出时，则必须用普通股收益来弥补这个差额，从而会使普通股的收益率低于企业的投资收益率，甚至会出现亏损。由此可见，企业使用财务杠杆越多，固定性费用支出越大，因而 DFL 系数越高，对权益资本变动的影响越大，融资风险就越高。

2. 概率分析法

财务风险程度除了可依据杠杆系数原理评价分析外，也可采用概率法度量。度量的过程一般借助权益资本收益率的期望值，用经济状态（概率）下的可能收益率（Ki）、期望收益率（K）和概率分布（Pi）来计算标准离差。标准离差指可能收益率与期望收益率的偏差程度，标准离差越大，表明风险越大。由于标准离差不便在同行业企业之间比较，故还需要计算标准离差率。标准离差率越大，风险也就越大。各种可能收益率下的概率，可依据企业历史资料，结合市场分析和行业特点、现状、前景及社会经济环境的影响综合确定。概率分析法的指标如表 6-12 所示。

表 6-12　概率分析法的指标

序号	指标名称	指标说明
1	流动比率	流动比率，是指全部流动资产与流动负债的比率。公式：*流动比率＝流动资产合计/流动负债合计*，一般认为流动比率应控制在 2 左右，且不应低于 1
2	速动比率	速动比率，指流动资产扣除存货后与流动负债的比率，用来衡量企业某一时点动用随时可变现资产、立即偿付到期债务的能力。通常认为，正常的速动比率为 1，低于 1，则认为企业短期偿债能力偏低。公式：*速动比率＝（流动资产合计－存货）/流动负债合计*
3	资产负债率	资产负债率，指负债总额与全部资产的比率，主要用来衡量企业利用负债进行经营活动的能力，并反映企业对债权人投入资本的保证程度。当企业经营前景较为乐观时，可适当提高资产负债率，以获取负债经营所带来的收益。若企业经营前景不佳，则应减少负债，降低负债率，以降低财务风险
4	存货周转率	存货周转率，指销售成本与平均存货的比率，该指标是流动比率的补充，用于衡量企业一定时期内存货资产的周转次数，同时也是反映企业购、产、销平衡效率的一种尺度。由于存货约占企业流动资产的一半，有时尽管流动比率很高，但存货变现能力较差，也不能真实地反映企业的短期偿债能力。一般来说，存货周转速度越高，表明企业变现能力越强

续表

序号	指标名称	指标说明
5	应收账款周转率	应收账款周转率，指销售收入与平均应收账款的比率，该指标是流动比率的补充，用于衡量企业应收账款周转的速度。企业的应收账款周转率越高，平均收账期越短，说明应收账款收回速度越快，企业变现能力越强，所涉及的财务风险也就越小
6	现金流量指标	现金流量指标，指经营活动现金净流量与当期长期负债和流动负债的比例，用来衡量企业偿还到期债务的能力。该比率越高，企业偿还到期债务的能力越强，企业资产的流动性越好

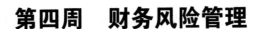

第四周　财务风险管理

　　财务风险客观存在于企业财务管理的各个环节，企业财务活动组织和管理过程中某一方面和某个环节的问题，都可能促使这种风险转变为损失，从而导致企业盈利能力和偿债能力降低。因此，有必要建立预警机制、采取风险策略、提升管理水平，从财务管理的各个环节重视财务风险的防范，以降低和化解财务风险，提高企业经济效益。

问题104：财务风险管理的原则是什么？

　　企业财务风险管理应当遵循表 6-13 所示的原则。

表 6-13　财务风险管理的原则

序号	管理原则	具体说明
1	合法合规性原则	企业财务风险管理工作应当符合有关法律、法规、规章和规范性文件的要求
2	全面性原则	企业财务风险管理工作应覆盖企业经营的全过程及所有部门和岗位
3	限度承担和风险适度原则	普遍性是企业财务风险的一大特征。企业必须要能够准确及时地识别、衡量，以及控制财务风险，确定可承担财务风险的最大限度，以确保企业正常安全地运行
4	分权分级管理原则	企业应该以现行的内部管理机制为基础，对财务风险实行分权分级的控制管理。对于集团公司，则可以分别对集团总部、各子公司进行财务控制管理

续表

序号	管理原则	具体说明
5	风险和收益均衡原则	企业在财务运行中应该遵循风险和收益均衡原则，不能盲目地追求经济收益，而忽视可能发生的损失。应该对安全性和收益性进行全面分析，并按照风险和收益适当均衡的要求来制定行动方案，以获得更多的收益
6	超前预警和有效规避原则	预示性是企业财务风险的一般特征。如果企业能够建立比较完善的财务风险识别、评估、预警以及控制系统，那么就可以有效地规避财务风险

问题105：如何树立财务风险管理意识？

在激烈的市场经济竞争中，企业进行财务活动不可避免地要遇到风险，勇于承担并善于分散风险，是企业成功的关键。一般来说，风险与收益的大小成正比，用西方财务理论中资本资产的定价模型表述：某资产收益率 = 无风险收益率 + 该资产风险系数 ×（市场平均收益率 - 无风险收益率）。从这个公式看，资产的风险系数越大，收益率越高，甚至可获得高额的风险报酬，但风险越大，无疑会有失败的可能性。企业不能只顾追求收益，不考虑发生损失的可能，企业在进行财务管理时，必须全面分析每一项具体财务活动的收益和安全性，按照风险和收益均衡的要求来决定采取何种方案。

企业要认真研究国家的产业政策，以市场为主体，不断开发新产品。面对不断变化的市场经济，企业应设置合理、高效的财务管理机制，同时配备高素质的管理人员，以提高企业的生产经营管理水平。在利益分配上，企业应兼顾各方利益，调动企业的激励机制，激发企业员工的积极性，从而真正做到责、权、利相结合。企业除了加强生产经营管理以外，还要增加财务风险的防范意识，使企业的经营者和管理者充分认识到财务风险存在于企业财务管理的各个环节，增强企业管理者的风险意识，避免企业因管理不善而造成的财务风险。

问题106：如何建立财务风险控制机制？

企业可从图 6-13 所示的两个方面来建立财务风险控制机制。

图 6-13　建立财务风险控制机制的措施

1. 建立财务预测机制和预警系统

财务预测是指对未来融资需求的估计。准确的财务预测对于防范财务风险有重要作用，通过财务预测和风险预警，企业能在财务风险实际发生之前，捕捉和监视各种细微的迹象变动；能预先知道自己的财务需求，提前安排融资计划，估计可能筹措到的资金。这样企业就可以了解筹资满足投资的程度，再据以安排企业生产经营和投资，从而使投资与筹资相联系，避免两者脱节造成的资金周转困难。而且，预测也包括了对未来各种可能前景的认识和思考，通过预测可以提高企业对未来不确定事件的反应能力，从而减少不利事件出现带来的损失。同时，通过建立预警系统，可使企业具有风险自动预警功能，一旦发现财务风险信号，就能准确地传至管理者，以防事态逐步扩大。

2. 建立财务风险的全程控制机制

建立财务风险的全程控制机制包括图 6-14 所示的三个步骤。

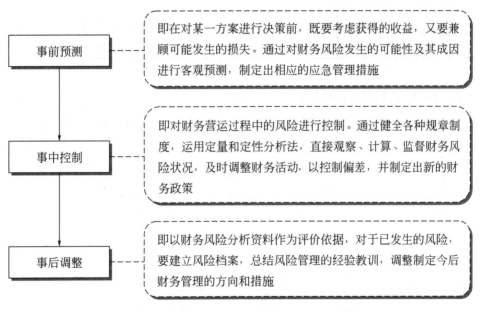

图 6-14　建立财务风险全程控制机制的步骤

问题107：如何建立财务风险管理体系？

1. 财务风险管理体系的职能

通过以上企业财务风险的分析，我们可以看到，为了实现企业生存、发展、盈利的经营目标及企业价值最大化的财务管理目标，财务风险管理体系应具有表 6-14 所示的职能。

表 6-14　财务风险管理体系的职能

序号	管理职能	具体说明
1	财务风险警戒	即对财务风险保持高度的警惕和严密的戒备，对负债经营过程中可能出现的风险要素保持合理的怀疑
2	财务风险定位	（1）财务风险的定性，也就是对存在于企业内部和外部的各种财务风险进行分类、过滤、剖析 （2）财务风险的定量，即对财务风险进行数量界定，针对某一具体的财务风险种类的形成、发展、作用对象及其发生概率、强度、可能造成的损失等进行预测计算，分析该财务风险对企业的威胁程度及企业的承受力、可能造成的危害及形成的影响
3	财务风险防范	对于财务风险，根据识别和定位的结果，果断采取措施进行必要的准备和防范
4	财务风险处置	对已发生的财务风险进行应急处理，或者对已造成损失的风险进行补救，对自身失误进行反思，并对有关责任者进行惩戒，同时总结经验教训，制定相应的防范措施
5	增强应对风险的能力	要求经营者通过财务风险管理提高自身察觉风险、判断风险、估计风险的综合能力，提高自身的业务素质，将自身在理财业务活动中可能出现的失误减少到最低程度

2. 财务风险管理体系的结构

财务风险管理系统应该包括：财务风险识别系统、财务风险预警系统、财务风险防范系统、反馈系统。

（1）财务风险识别系统是财务风险管理体系的根基，财务风险管理系统的其他部分都是以它为基础完成的。其具体方法是多种多样的，如预测分析法、环境分析法、动态分析法、系统分析法等。

（2）财务风险预警系统就是根据各企业的具体情况，选择一些可行指标，并对这些指标设置一个临界点，在临界点以内则为"绿灯区"，证明是安全的；而在"红灯区"，应发出相应的风险警示信号。企业财务风险预警指标体系通常应包括分析企业盈利性及其稳定性指标、分析企业偿债能力及其可靠性指标、分析企业资本结构及其稳定性指标、分析企业资金分布及其合理性指标和分析企业成长能力及其持续性指标。

（3）财务风险防范系统主要靠防范企业财务风险的主要措施来实现，防范企业财务风险的主要措施包括图 6-15 所示的内容。

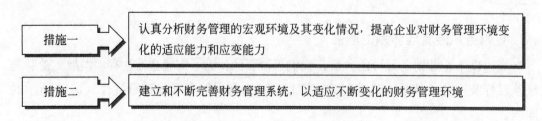

措施一　认真分析财务管理的宏观环境及其变化情况，提高企业对财务管理环境变化的适应能力和应变能力

措施二　建立和不断完善财务管理系统，以适应不断变化的财务管理环境

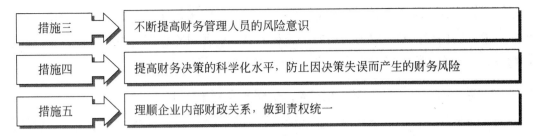

图 6-15 防范企业财务风险的主要措施

（4）反馈系统是对财务风险管理成果的评估，这需要企业内部信息流动顺畅，要有成果评价机制，要能分析财务风险管理的成败及其原因，以便能够对财务风险管理体系进行改进。

问题108：如何防范财务风险？

财务经理可参考图 6-16 所示的具体措施来防范财务风险。

明确企业财务决策的目标
适度负债，合理安排资本结构，确保财务结构平衡
建立企业全面预算制度，正确预测现金流量情况
加强资产管理，提高营运能力，增强盈利水平
加速流动资金的周转，增加企业的现金流量
优化企业的投资策略
运用多种财务策略，尽可能减少风险损失
实行全员风险管理

图 6-16 防范财务风险的具体措施

1. 明确企业财务决策的目标

企业对各种可行的决策方案要进行认真分析、评价，从中选择最优的决策方案，切忌主观臆断。评价时要充分考虑财务风险，并将各种财务风险分析方法综合运用，对财务决策进行实施和控制。财务决策的实施和控制是财务风险管理的中心环节，企业应该对财务决策实施过程进行积极的控制，合理控制企业财务风险。

2. 适度负债，合理安排资本结构，确保财务结构平衡

（1）正确把握负债的量与度，企业的息税前利润率大于负债成本率是企业负债经营的先决条件。

（2）适度利用财务杠杆作用，合理控制财务杠杆的副作用。

（3）合理安排资本结构，实现资金成本最低化。企业必须权衡财务风险和资金成本的关系，确定最优的资本结构。

3. 建立企业全面预算制度，正确预测现金流量情况

全面预算制度是协调的工具、控制的标准、考核的依据，预算涉及企业现金收支的各个方面和各个环节，所以对风险可以产生一种系统性的控制。在全面预算的基础上，准确编制现金流量预算，是企业加强财务管理、有效防范财务风险工作中特别重要的一环。

4. 加强资产管理，提高营运能力，增强盈利水平

企业资产对负债能力有两方面的影响：一是短期影响，即企业资产的变现能力对偿债能力的影响。资产变现能力，尤其是流动资产的变现能力，可直接影响可用现金流量的多少，决定企业负债能力的高低。二是长期影响，即企业资产盈利能力对负债能力的影响。资产盈利能力可直接影响企业整体盈利水平，而保持高盈利水平往往是企业负债能力高、财务风险相对低的有效保证和标志。

5. 加速流动资金的周转，增加企业的现金流量

流动资产主要是指企业的应收账款和存货，它们在流动资金中的比重较大。流动资金是个不断投入、不断回收的循环过程，循环时间的长短直接影响着企业的现金流量。如果企业加速资金的周转，资金闲置的可能性就会减少，支付能力就会增强。所以，企业要加强应收账款管理，制定和选择正确的信用标准、信用条件，利用编制账龄分析表，及时掌握客户所欠款项；同时企业还应完善赊销手续，建立赊账责任制，对发生的应收账款实行"谁审批、谁负责"的管理方式。对于存货，企业应加强采购、生产、销售、仓储环节的控制，及时处理呆滞积压物资，最大限度地减少损失和资金的占用。

6. 优化企业的投资策略

企业应优化投资决策，减少因决策失误而产生的财务风险。投资决策正确与否，直接关系到企业财务管理工作的成败，同时还影响着企业的经济效益。对于一个投资项目，企业应该从各个方面去加以分析和研究，要考虑国家的投资政策、市场的供求变化，还

要组织高技术的专门人才制定多种方案，并采取科学的方法，从中选取最优的投资方案，从而减少企业因投资决策所带来的财务风险。

7. 运用多种财务策略，尽可能减少风险损失

在风险预测和分析的基础上，坚持尽可能减少风险费用损失的原则，针对不同的情况采取相应的措施，如表6-15所示。

表6-15　减少风险损失的财务策略

序号	财务策略	具体说明
1	风险接受策略	企业可以依据稳健原则建立起"坏账准备金"制度，可以依据需要设立专项储备或提取风险基金。为应对市场变化，企业还应有一定数量的保险库存
2	风险回避策略	对于超过企业承受能力的风险和风险较明显且影响因素很难控制的生产经营项目，企业的决策者应根据自身的经营特点和财力，正确权衡收益和风险的得失，或采取回避政策，或制定出正确的判断标准，求得风险取舍的最佳选择
3	风险分散策略	多元化经营是现代企业分散风险的重要方法。其理论依据在于，不同行业或产品的利润率、更新换代周期是独立的、不完全相关的，所以以经营多种产业、多种产品在时间、空间和损益上是相互补充和抵消的。一般财力雄厚、技术和管理水平较高的大型企业更愿意采用这种方法

8. 实行全员风险管理

企业应实行全员风险管理，将风险机制引入企业内部，使管理者、员工、企业共同承担风险责任，做到责、权、利三位一体，对每项存在风险的财务活动实行责任制。

各部门、各员工要明确其在企业财务管理中的地位、作用、职责及被赋予的相应权力，做到权责分明，各负其责。另外，在利益分配方面，企业应兼顾各方利益，调动各部门参与企业财务管理的积极性，从而真正做到责、权、利相统一。